Presented by
Billy &
BAZZI!

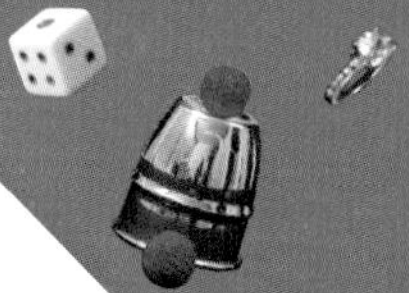

必ず成功する

激ウケ！マジック

本格トリック完全マスター

新版

監修

マジカリスト®
Billy
&
マジシャン
BAZZI

メイツ出版

もくじ

本書は2018年発行の『必ず成功する激ウケ！マジック本格トリック完全マスター』を「新版」として発売するにあたり、内容を確認し一部必要な修正を行ったものです。

第3章　本格的な道具を使ったマジック

アイコンについて

クロースアップ	1～5人位の少人数の前で演じるのに適したマジック
パーティー	大勢の前で演じるのに適したマジック
日用品	日用品を使ったマジック
カード	トランプを使ったマジック
コイン	硬貨を使ったマジック
お札	紙幣を使ったマジック
シルク	シルクを使ったマジック
ロープ	ロープを使ったマジック
その他	その他の道具を使ったマジック
何もなし	道具を使わないマジック
テクニック	指先のテクニックで行うマジック
セルフワーキング	手続き通りに行えば成立するマジック
メンタル	相手の心を読むなどの心理的なマジック
工作	ちょっとした工作が必要なマジック
トーク	観客とのやり取りやトークが重要なマジック
アシスタント	アシスタントと一緒にやるマジック
ロマンチック	気になる相手に演じるのに向いているマジック
ビジネス	ビジネスシーンで演じるのに向いているマジック

●本書は、右利きの設定で解説しています。左利きの方は左右を入れ替えてお読みください。
●第1章と第2章で使用している道具は一部を除き100円SHOPダイソーのものです。※ラインナップは2018年6月現在のものです。
●第2章で使用しているトランプはUSプレイングカード社の「BICYCLE（バイスクル）」です。世界中のマジシャンが愛用している、マジックにとても適したトランプです。
●本文中の用語や技法に関しては、「トランプの用語・技法解説」（92ページ）をご参照ください。

☆

はじめに

突然ですが、本書を手に取って頂いた皆様に向けて、ちょっとした予言を一つ……ただしその予言は、ここではなく「おわりに」の方に載せておきます。決して読み飛ばすことなく、まずは本書のマジックを一つ一つしっかりマスターすることに専念してください。(すぐに見てはダメですよ！)

改めまして、この度は「必ず成功する　激ウケ！マジック　本格トリック完全マスター」を手に取って頂き、誠にありがとうございます。

本書は、日用品やコイン、お札などを使って日常で手軽にできるものから、ちょっと本格的な道具を使って大勢の前で披露するものまで、31＋1種類のマジックを写真付きで分かりやすく解説しています。
単なるタネの解説だけではなく、演じる上での注意点やアドバイス、そして解説の最後には「マジックのコツ」もご紹介しています。また、マジックに関するさまざまなコラムも掲載していますので、ぜひ併せてお楽しみください。

マジックは、演じる方《マジシャン》も見る方《観客》も、その場にいる全ての人が幸せになれる、不思議で魅力的なエンターテイメント。
あなたがマジックを演じることで、きっとあなたの周りのたくさんの人が笑顔になってくれるはずです。本書がそんな機会の一助となることを祈って……それでは、楽しんでページをめくってください！

第1章

日用品を使ったマジック

Everyday object Magic

Magic No. 001

マドラーが空中で出たり消えたり！

消えるマドラー

簡単　クロースアップ　パーティー　日用品　テクニック

Effect ～こんなマジック～

このマドラーが……

❶ 指先に持ったマドラーを放り投げると……

一瞬で消えてしまいます！

❷ 忽然《こつぜん》と消えてしまいます。

おや、こんなところに……

❸ 空中に手を伸ばすと……

少しの準備でOK！ 大勢の前でもできる！

手に持ったマドラーが瞬間に消えたり現れたり。見た目にも分かりやすい、いかにもマジックらしいマジックです。コツさえ掴めば、マドラーの出現・消失を自由自在に操れます。大勢の前でも充分見映えのするマジックですので、マスターしてぜひパーティーなどで披露してください。

ありました！
Applause!

❹ マドラーが再び出現します。

Secret ~タネあかし~

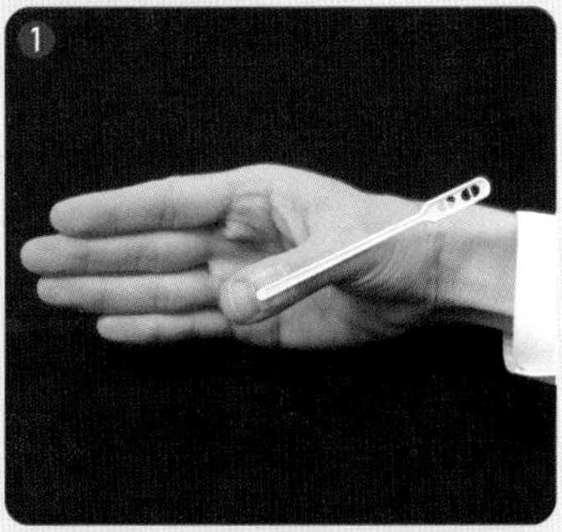

マドラーは右手の親指に両面テープで貼り付けておきます。

角度に注意！

このマジックは、鏡の前で練習すると、観客からどのように見えているかがよく分かります。親指の陰に隠れたマドラーが見えないよう、手を広げるスピードや角度などをしっかりと研究しましょう。

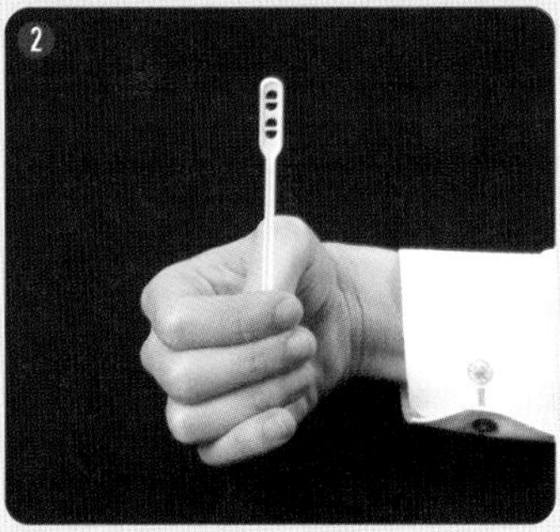

残りの指を添えることで、指先でつまんで持っているように見えます。

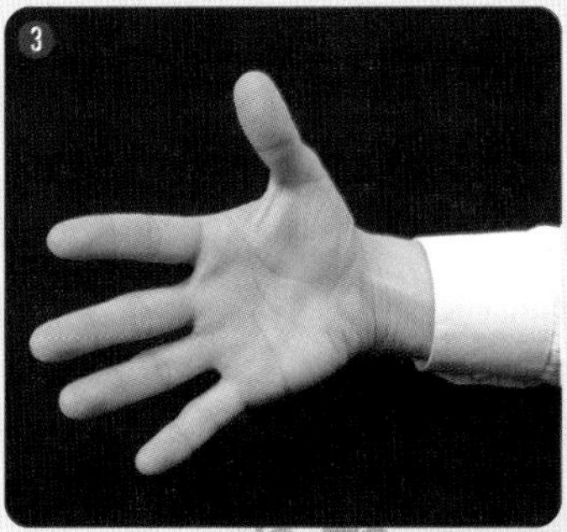

親指を伸ばしたり曲げたりすることで、マドラーが消えたり現れたりします。

♣Item♠ マドラー、両面テープ

Set up ~準備~

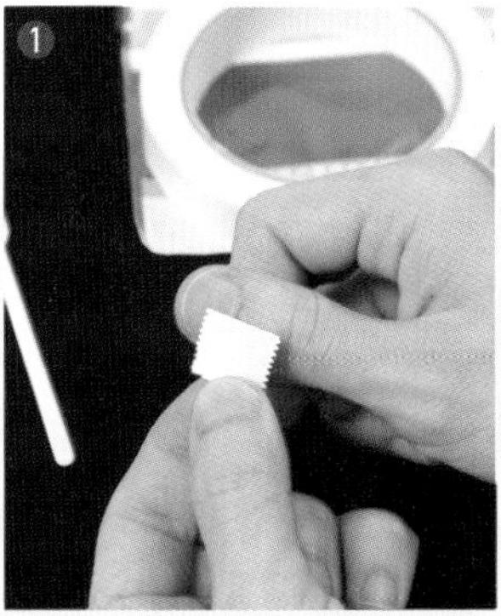

両面テープを約1cm角に切ります。

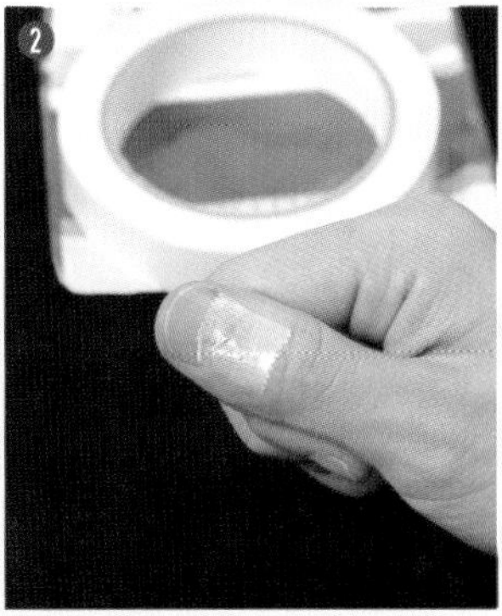

右手の親指の爪付近に両面テープを貼ります。

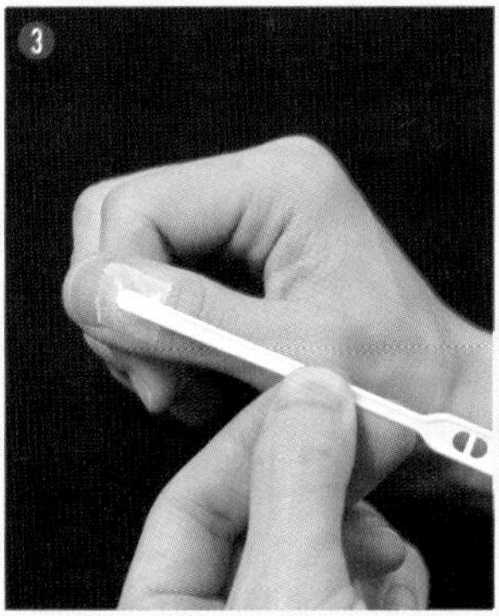

両面テープにマドラーを貼り付けます。

Try ～実践～

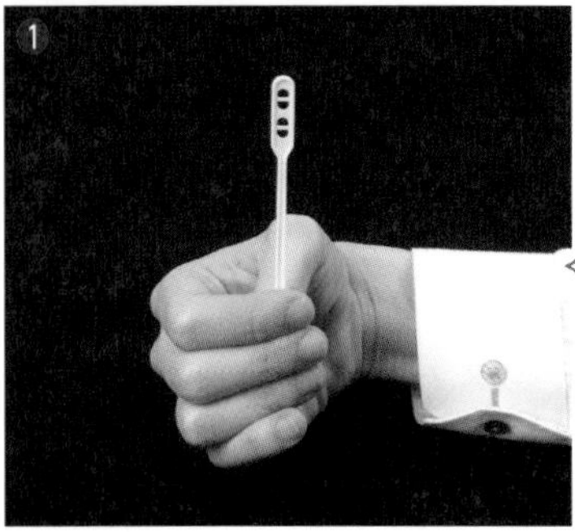

マドラーがあります

右手の指先にマドラーをつまんで持っているように見せます。

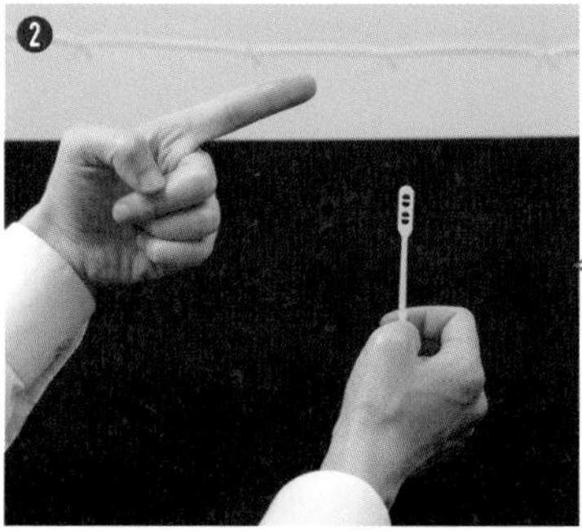

このマドラーが……

マドラーのやや上の辺りに目をやり、左手で指差します。

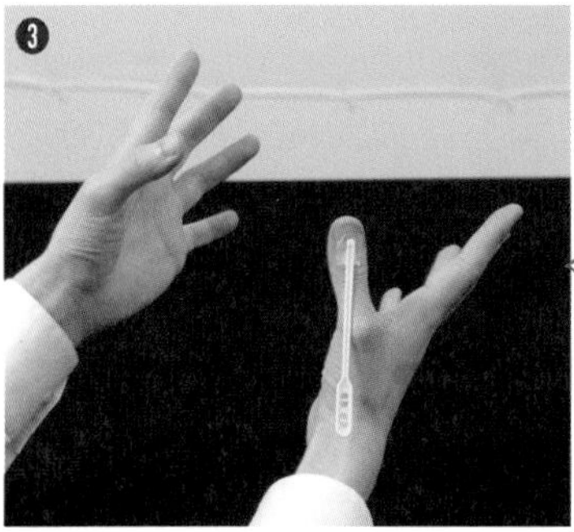

一瞬で消えてしまいます！

放り投げる動作でパッと両手を広げ、マドラーを親指の陰に隠してしまいます。

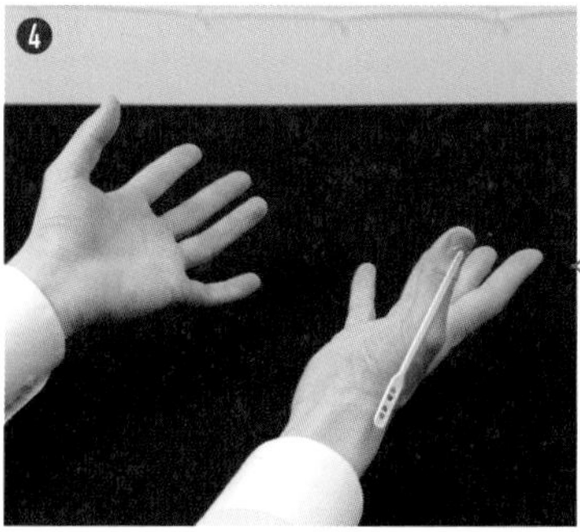

どこに行ってしまったのでしょう

マドラーが見えないように注意して、両手をやや降ろし軽く開きます。

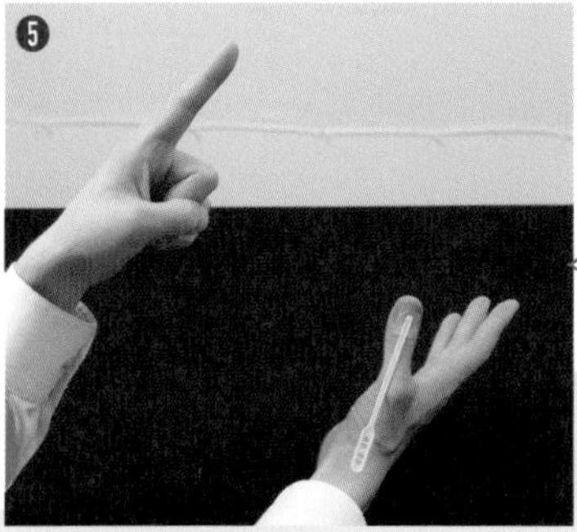

おや、こんなところに……

ふと気付いたように、再び空中に目をやり、左手でその辺りを指差します。

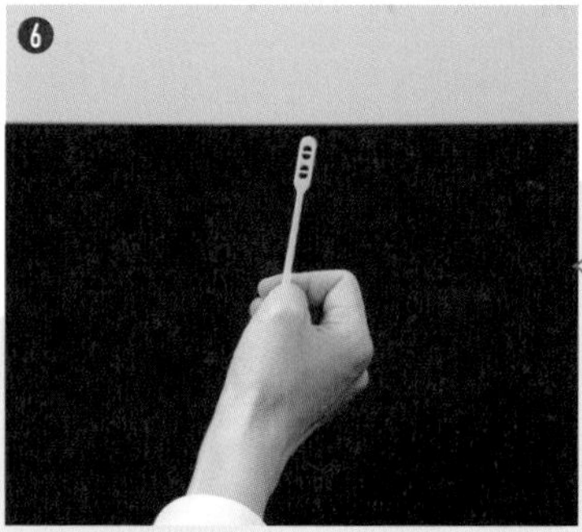

ありました！

空中を掴むようにして、右手を伸ばし、親指を曲げてマドラーを出現させます。

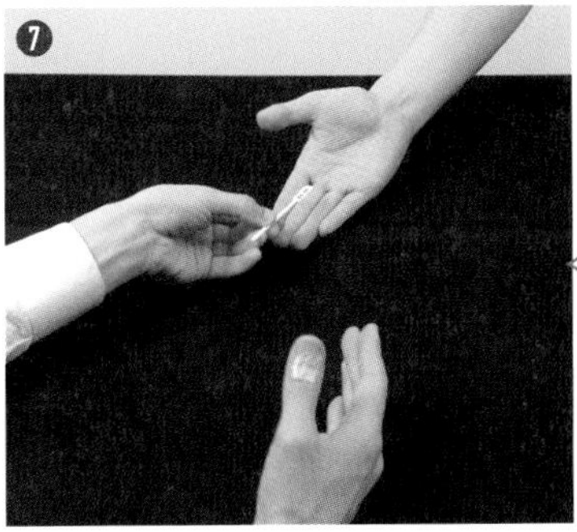

調べてみますか？

➡

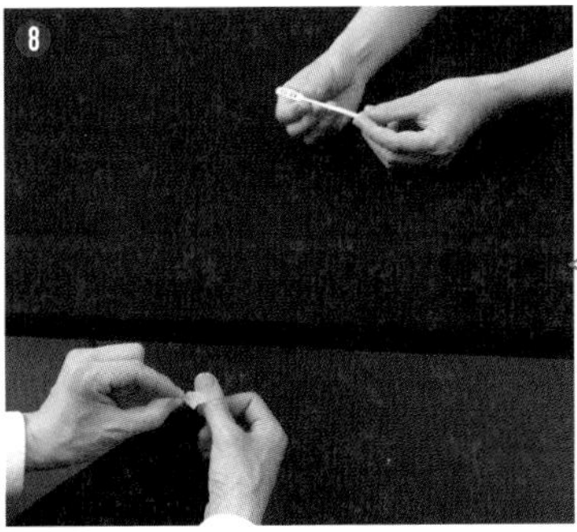

怪しい所はありませんね

左手で実際にマドラーを取り、観客に渡します。

観客がマドラーを調べている間に、親指の両面テープをテーブルの下などで密かに剥がしてしまいます。

❗マジックのコツ 視線も重要なファクター。

上手に演じるためには、マジシャンの視線も重要な要素となります。マドラーを消す時は、手元ではなく投げ上げた先の空中を見るようにします。こうすると、観客もつられてその場所を見るため、本当に空中で消えたように感じさせることができます。これは出す時も同様です。また、見せる相手や場所に合わせて、使う道具を変えてみるのもいいでしょう。

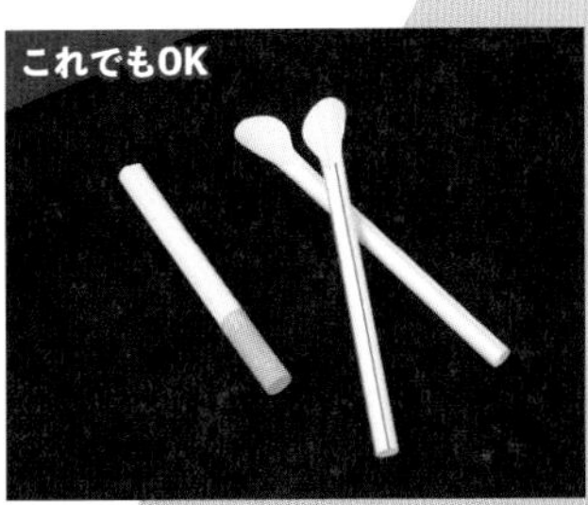

ビリーとバッジの Magic column

サーストンの三原則

1. マジックを演じる前に現象を説明してはならない。
2. 同じマジックを繰り返してはならない。
3. タネ明かしをしてはならない。

これは、アメリカのハワード・サーストンが言ったとされる、日本のマジック界に古くから伝わるマジシャンの心得です。いずれも、マジックの一番の楽しみである「驚き（＝意外性）」を大切にするためのものです。実際に人前でマジックを演じる上でとても重要な事柄ですので、しっかりと心にとめておきましょう。

Magic No. 002

固い金属が飴のようにグニャリ！

超能力スプーン&フォーク

簡単 クロースアップ 日用品 工作

Effect ～こんなマジック～

スプーンと
フォークを
使います

両手にスプーンとフォークを持ちます。

スプーンに念を
込めると……

フォークをポケットにしまい、スプーンの柄をこすります。

なんとねじれて
しまいました！

ねじれた柄の部分をよく示します。

メンタリズムをカジュアルに再現！

TVでもお馴染みの「メンタリズム」を手軽に行えるようにしたマジックです。目の前30cmの距離で起こる奇跡に、観客からは思わず驚嘆の声があがります。マジックが終わった後、スプーンとフォークは記念にプレゼントしてあげるととても喜ばれます。作る時はケガをしないように注意しましょう。

さらにこちらの
フォークもこの
通り！
Applause!

フォークを取り出して振ると、先端が曲がってしまいます。

Secret ～タネあかし～

スプーンとフォークは、柄がねじれたもの、先端が曲がったものを作っておきます。

演技力が最大のポイント！

既にねじれたり曲がったりしているものを持ちながら、あたかも今変化したかのように見せる、演技力が肝となるマジックです。「今変化が起こっている！」ということを、表情や態度で表すことで、観客にもそのタイミングが伝わります。

持った時に普通のスプーン（フォーク）に見えるよう、手の形を自然な状態にします。

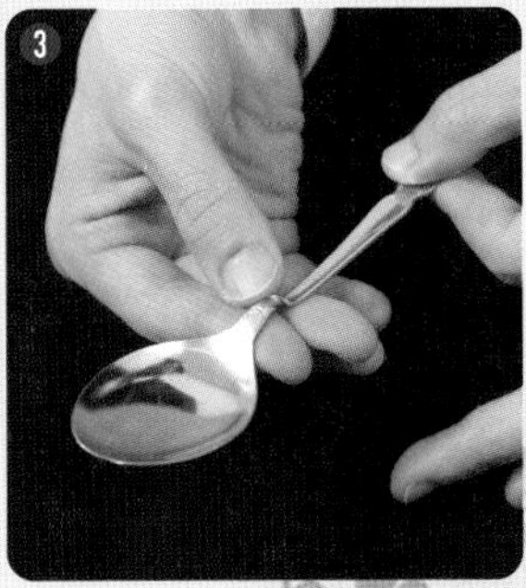

実際にはスプーンもフォークも既にねじれたり曲がったりしていますが、念を込めてこすったり振ったりすることで変化したように見せます。

Item スプーン×1本、フォーク×2本

Set up ～準備～

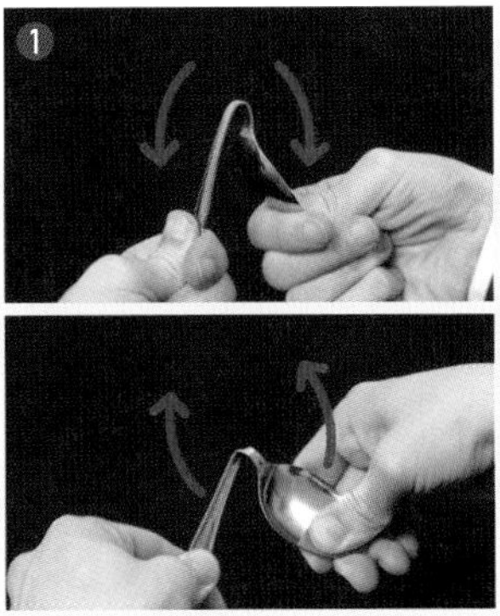

ねじれたスプーンは、スプーンの首を下方向に曲げ、横方向に広げるように戻して作ります。

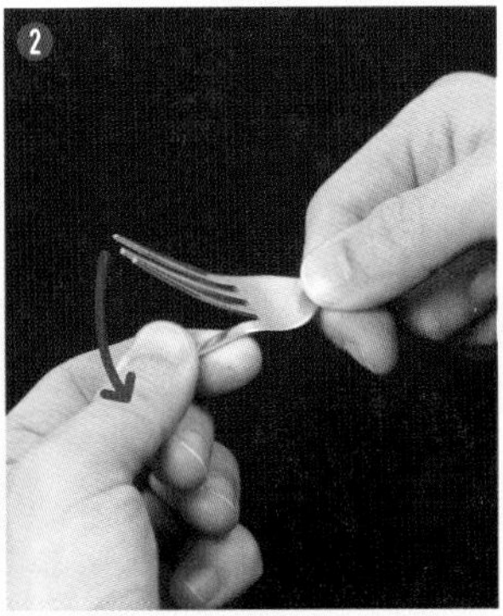

曲がったフォークは、フォークの先端部分を指で押して曲げて作ります。

曲がったフォークを左、ねじれたスプーンと普通のフォークを右のポケットに入れておきます。

Try ～実践～

❶

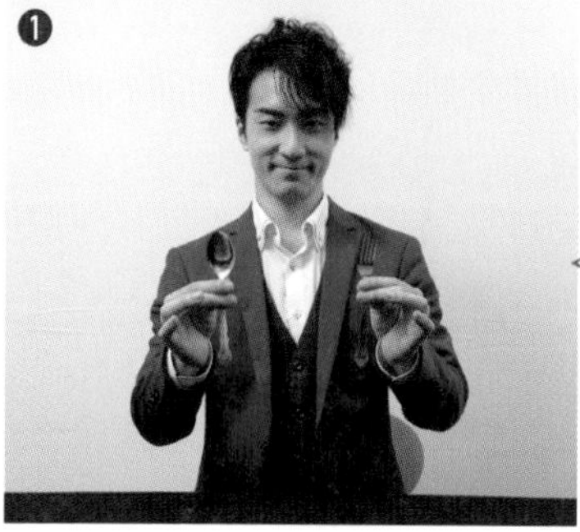

スプーンとフォークを使います

右ポケットからスプーンとフォークを取り出します。仕掛け部分が見えないように、右手に仕掛けのスプーン、左手にフォークを持ちます。

➡

❷

最初はスプーンを使いましょう

フォークを一旦左ポケットにしまいます。ポケットの中の仕掛けのフォークとぶつかって音がしないように注意しましょう。

❸

念を込めると……

スプーンの柄の部分を指で隠しながら、こすったり回したりといった、念を込めるジェスチャーをします。

➡

❹

なんとねじれてしまいました！

ゆっくりと指を離して、ねじれた部分を見せます。

❺

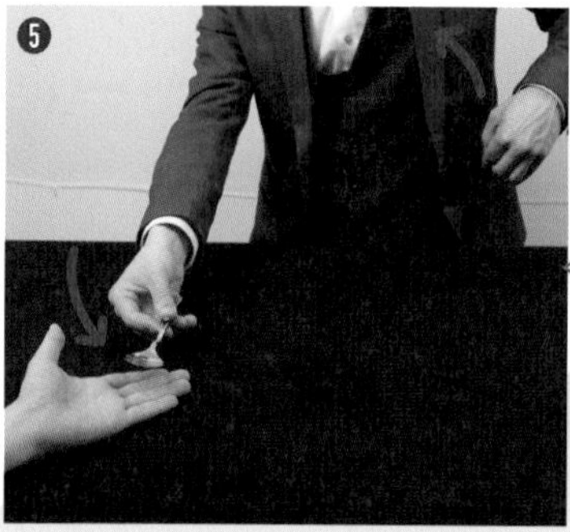

調べてみますか？

観客にスプーンを渡して調べてもらっている間に、左ポケットから先端の曲がったフォークを取り出します。

➡

❻

こちらのフォークにはまだ何も起こっていません

「まだ何も起こっていません（＝まだ柄はねじれていませんよ）」という意識でフォークを示すことで、先端を持っている理由になります。

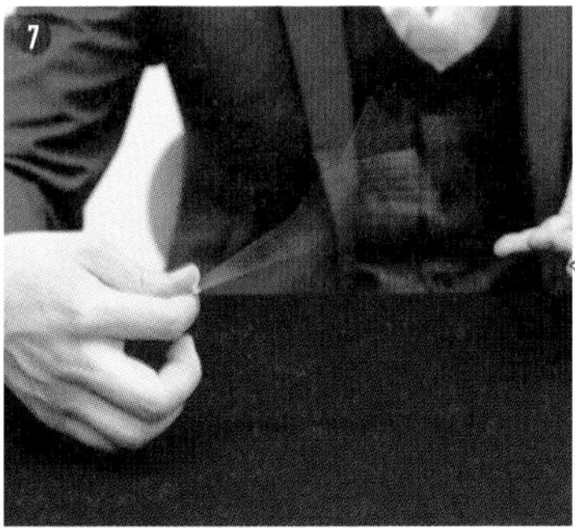

こうして振ると……

仕掛け部分が見えないように注意しながら、右手にフォークを持ちかえ、素早く振ります。

今度は先端が曲がってしまいました！

フォークを振る手を止め、曲がった先端を見せます。

!マジックのコツ 自然な扱いを心掛ける。

アル・ベーカーというマジシャンの言葉に「追われていないのに逃げてはいけない」というものがあります。最初にわざわざ「ここにタネも仕掛けもない普通のスプーンとフォークがあります」などと言えば、観客は逆に「本当かな？」と思ってしまいます。また、仕掛けの部分を隠そうとして必要以上に深く持ったりすると、それもかえって不自然に映ります。たとえ仕掛けのスプーンでも、普通のスプーンを持っている時と変わらないように扱っていれば、観客は何も疑いません。自分から先に逃げることなく、堂々と自然体の演技を心掛けましょう。

ビリーとバッジの Magic column

マジックの種類

マジックにはいろいろな分類方法がありますが、一番ポピュラーなのはマジシャンと観客との「距離」で分けるものです。

クロースアップマジック……1 ～ 10人位の少人数の前で演じるマジック

サロンマジック……10 ～ 30人位の小規模なパーティなどで演じるマジック

ステージマジック……数十～数百人に向け、舞台《ステージ》上で演じるマジック

さらに大規模なもの（「人体切断」「空中浮揚」など）は「イリュージョン」と呼ばれます。

ちなみに、クローズアップではなく、クロースアップが正式な呼び方（発音）です。

Magic No. 003

割り箸に描かれた矢印が次々と変化！

変化する割り箸

少し練習　クロースアップ　日用品　テクニック

Effect ～こんなマジック～

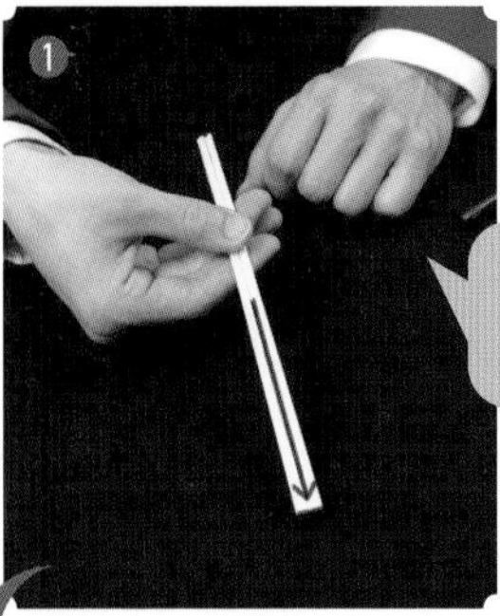

割り箸に矢印を描きます

割り箸の両面にペンで同じ矢印を描きます。

こうして軽く振ると……

割り箸を持って左右に振ると……

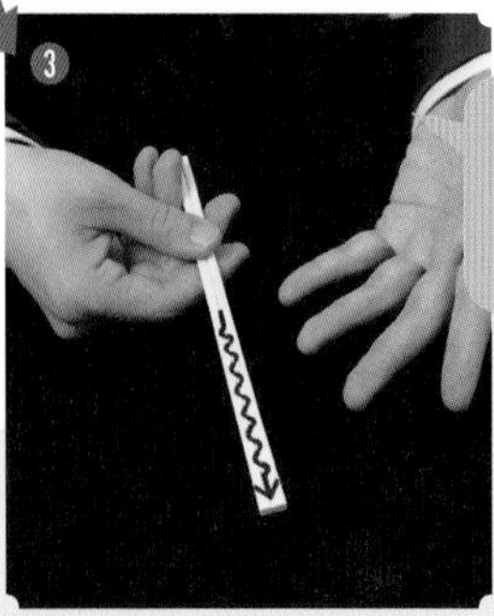

矢印がギザギザになってしまいました！

矢印が両面とも波打ってしまいます。

応用範囲の広いテクニックをマスター！

立て続けに変化が起こる、非常にビジュアルなマジックです。使う道具は、割り箸という何の変哲もない日用品なのでとても不思議です。このマジックで使われているのは「パドルムーブ」と呼ばれる指先のテクニック。マスターするにはそれなりに練習が必要ですが、上手く演じると本当の魔法のように見えます。

ところがもう一度振ると元通り！

Applause!

割り箸を振り降ろすと、矢印は元通りまっすぐに戻ります。

Secret ～タネあかし～

全ては指先のテクニック！

「手を返す」「親指で押して（引いて）半回転させる」この二つの動きを同時に行うことで、両面とも同じ矢印が描かれているように見せることができます。最初は二つの動きを別々に練習し、それぞれができるようになってから、合わせてやるといいでしょう。

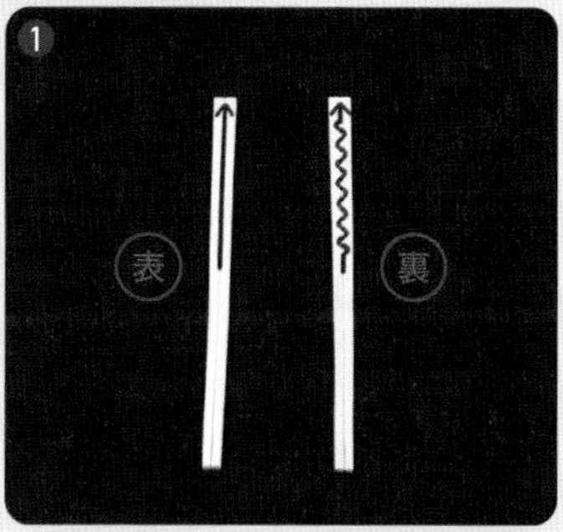

表面にはまっすぐな矢印、裏面にはギザギザの矢印が描かれています。

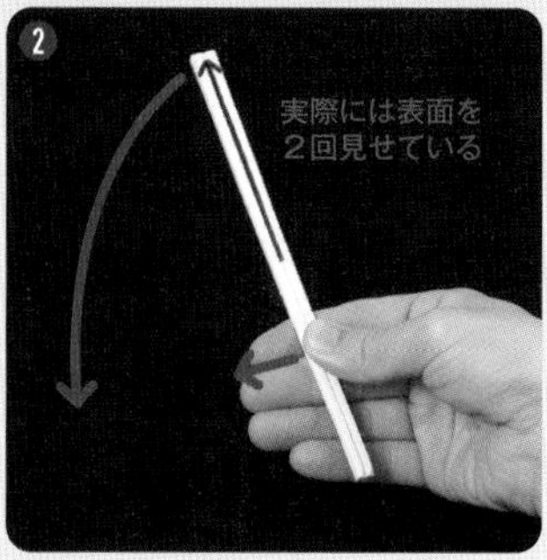

割り箸を写真のように持ち、親指を押して半回転させながら手を返します。こうすると、裏面もまっすぐな矢印に見えます。

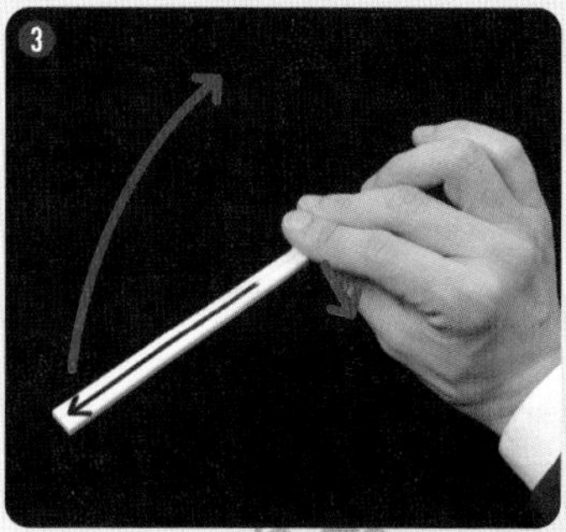

もう一度表面を見せる時は、親指を引いて半回転させながら元に戻します。

Item 割り箸、ペン

Set up ～準備～

割り箸の片面にギザギザの矢印を描きます。

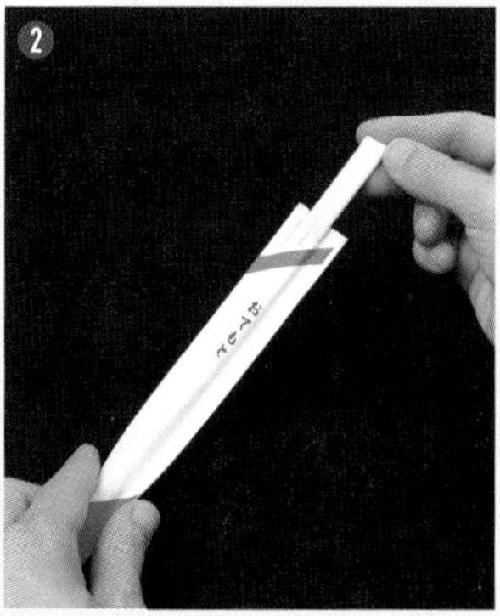

描いた矢印が見えないよう、裏向きにして袴に入れておきます。

ペンと一緒にポケットにしまっておきます。

Try ～実践～

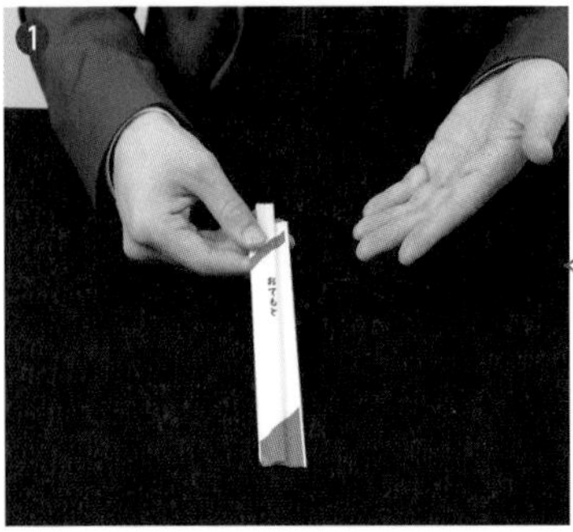

割り箸を使います

ポケットから割り箸を取り出します。

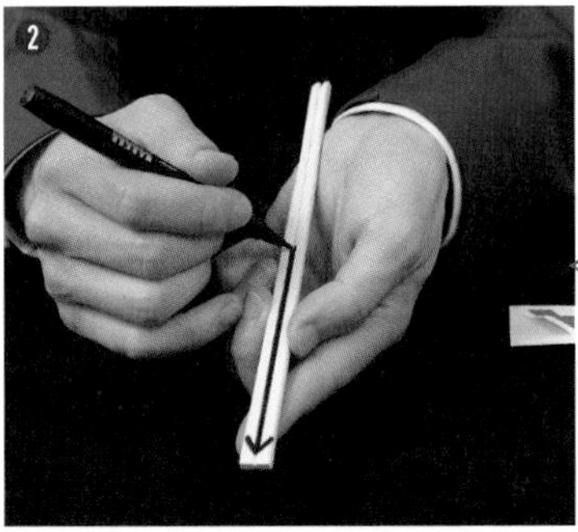

割り箸に矢印を描きます

裏面のギザギザの矢印が見えないようにして袴から割り箸を取り出し、表面に真っ直ぐな矢印を描きます。

裏面にも同じ矢印を描きます

割り箸を手の陰でひっくり返して、**裏面にもまっすぐな矢印を描いている“フリ”をします。**（実際にはペンを空中で動かしているだけです）

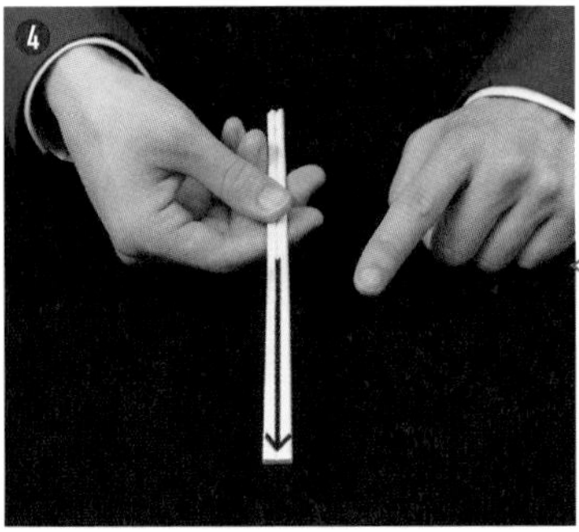

お見せしましょう。表も裏も同じ矢印です

パドルムーブで両面にまっすぐな矢印が描かれていることを示します。

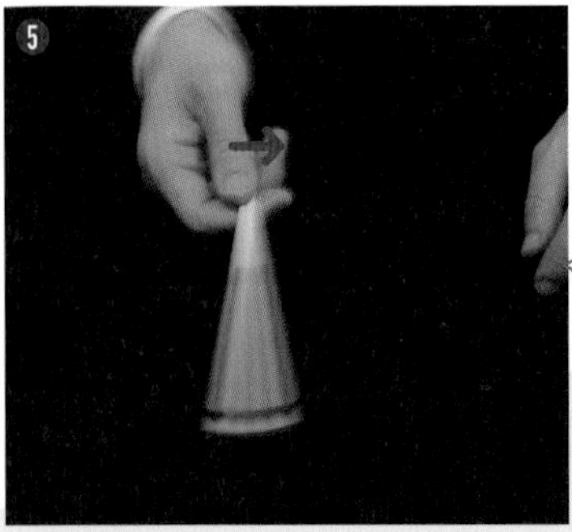

こうして軽く振ると……

割り箸を持って左右に振ります。その動作の中で、親指を使って割り箸を半回転させます。

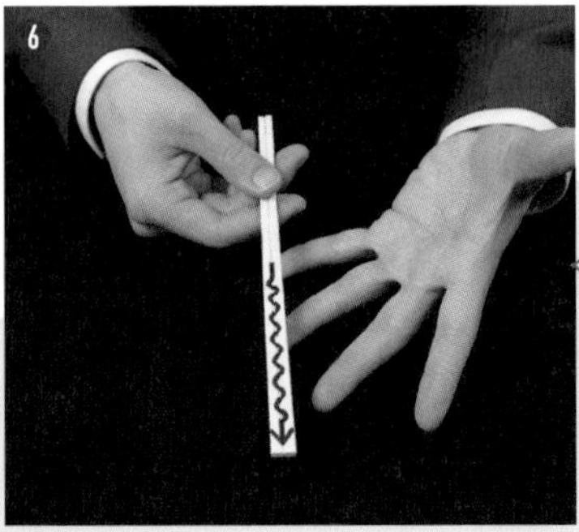

なんと矢印がギザギザになってしまいました！

割り箸を振る手を止め、波打った矢印を見せます。

裏面もこの通り

パドルムーブで裏面の矢印も波打っていることを示します。

ところがもう一度振ると……

割り箸を縦にし、上から下に一度だけ振り降ろします。

矢印は一瞬で元通り！

まっすぐに戻った矢印を見せます。

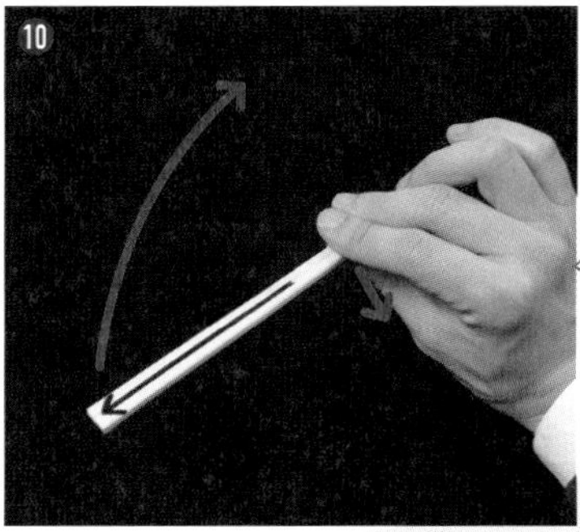

もちろん裏面もこの通り

パドルムーブで裏面の矢印もまっすぐであることを示します。

マジックのコツ 他の素材でも応用可能。

「パドルムーブ」は、割り箸の他にもさまざまな素材を使ってできます。例えば、鉛筆の刻印が出たり消えたり、ライターの模様が変化したり、はたまたアイスの棒に「当たり」の文字が瞬間に現れたり……と、特別な準備をしなくても、身近にあるものですぐに演じることが可能です。ちなみに鉛筆やペンを使う場合、断面の形が丸いものよりも、六角形や四角形のものの方が表裏が分かりやすく、かつ、この技法にも向いています。

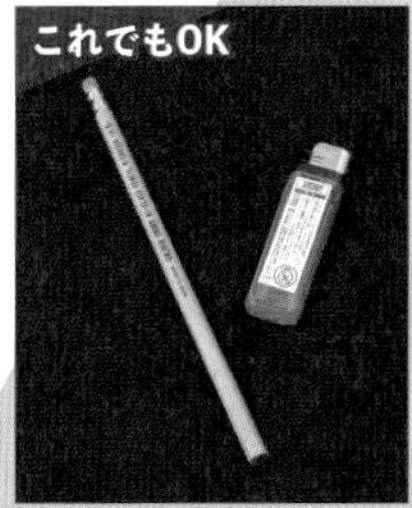

Magic No. 004

結び目に瞬間に現れる！

リボンに指輪が出現

簡単 クロースアップ 日用品 テクニック ロマンチック

Effect ～こんなマジック～

1本のリボンに……

両手でリボンを持ちます。

結び目を作ると……

リボンを結んで輪を作ります。

指輪が現れました！
Applause!

次の瞬間、結び目に指輪が出現します。

贈り物にプラス“サプライズ”を！

大切な人の誕生日や記念日など、そんなシーンで演じるのにピッタリのマジックです。プレゼントの際にこんなお洒《しゃ》落《れ》な演出を加えれば、相手は思わずウットリ……ずっと記憶に残る、素敵な思い出になること間違いありません。簡単にできて非常に効果的なマジックです。ぜひマスターして、ここぞという時に披露してください。

Secret ～タネあかし～

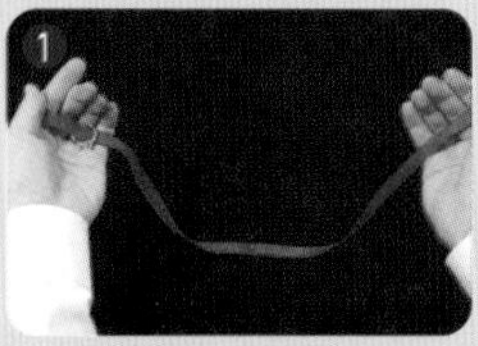

指輪はリボンに通し、手の陰に隠し持ちます。

指輪を隠し持ったまま、リボンを結びます。

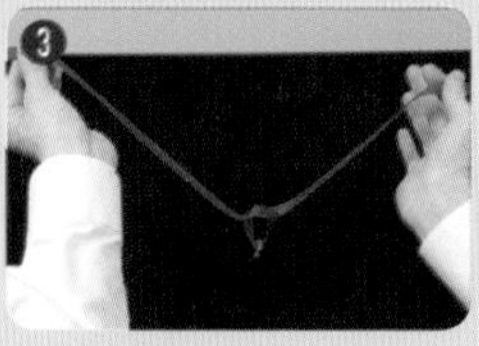

リボンの端をひっぱると中央に指輪が現れます。

手は自然な形に！

指輪は、握り込んでしまわずに、指の間に軽くはさむようにして持つようにしましょう。

♣ Item ♠ リボン（約 80cm）、指輪

Try ～実践～

❶

1本のリボンに……

隠し持った指輪が見えないように注意して、両手でリボンを持ちます。

➡

❷

結び目を作ると……

リボンの端をからめて輪を作ります。

❸

指輪が現れました！

両手でリボンの端を左右にひっぱると同時に、手を広げて指輪を離します。指輪はリボンに結ばれた状態で現れます。

➡

4

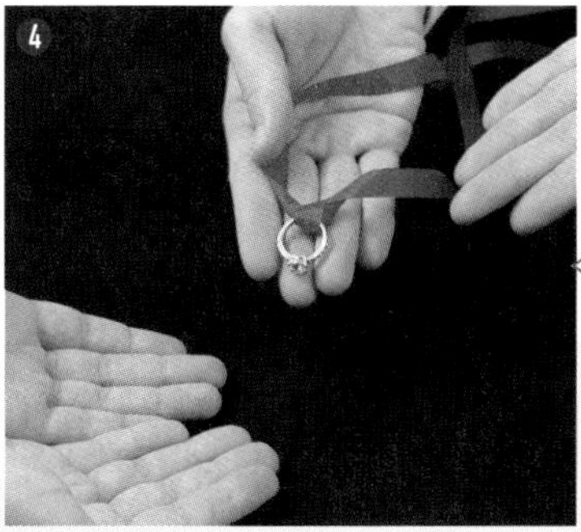

どうぞ、プレゼントです♪

指輪はそのままプレゼントとして渡します。

❗マジックのコツ　気になる気持ちをぐっとこらえて！

手の中に何かを密かに隠し持つことを、マジックの用語で「パーム」といいます。指輪をパームしている手を自然な形にするのはもちろんですが、そこに視線を向けないようにするということも大切です。マジックでは、マジシャンが見る場所を観客は見ています。「指輪が見えていないかな？　大丈夫かな？」と気にして、その部分をチラチラと見てしまうと、観客もそこに目を向け「もしかしてそこに何かあるのかな？」と勘繰り始めてしまいます。何も持っていないと観客に感じさせるためには、まず自分自身がそう思い込むことが必要です。

Magic No. 005

隠された数字を読み取る

ダイスの目の透視

超簡単 クロースアップ 日用品 メンタル 工作

Effect ～こんなマジック～

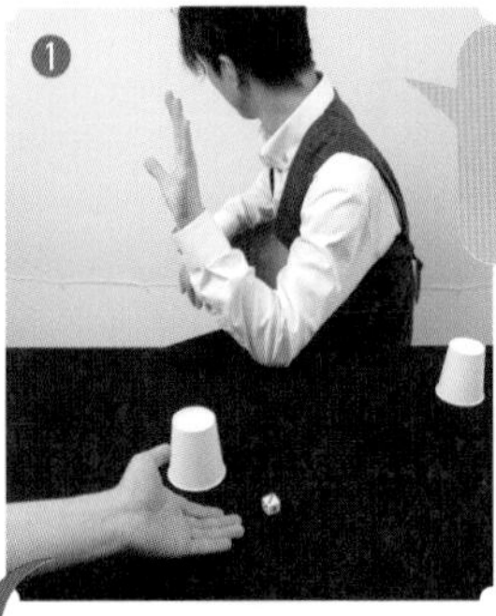
サイコロを振って、紙コップを被せてください

❶ 後ろを向いている間に、観客にサイコロを振って紙コップで隠してもらいます。

紙コップに手をかざすと……

❷ 向き直り、紙コップに手をかざします。

「3」の目が見えます

❸ 何かを読み取った様子で、サイコロの数字を告げます。

簡単にできて 100%当たる！

遠く離れた場所から、隠れている物や人の心などさまざまなものを読み取る能力を「千里眼」と呼びます。これは、まさにそんな能力を身に付けたかのような、強烈なインパクトを与えられるマジックです。しかしその仕掛けはシンプルそのもの。難しい練習などは一切することなく、誰でも簡単に演じられます。

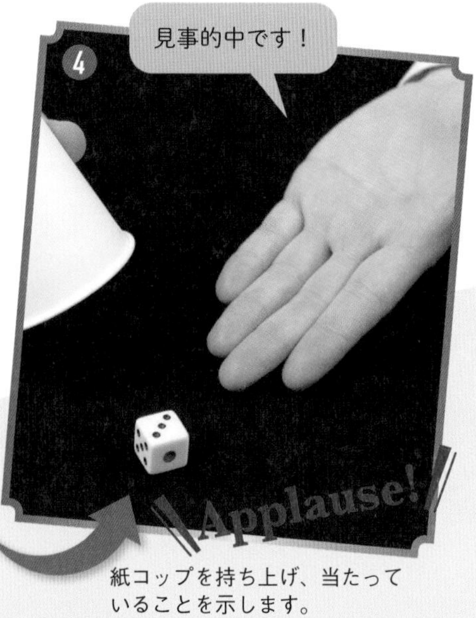
見事的中です！

❹ Applause!

紙コップを持ち上げ、当たっていることを示します。

Secret ～タネあかし～

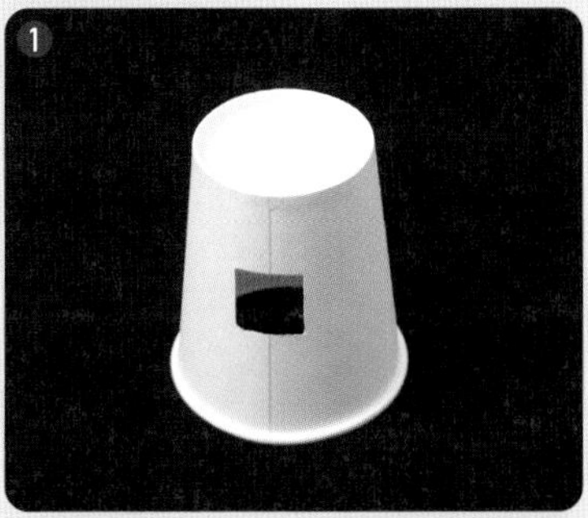

紙コップには約２cm角の穴が開けてあります。

大胆かつ巧妙に隠された仕掛け

穴は、手が自然な形で紙コップを持っていることにより、その存在に気付かれることはありません。ただし、傾け過ぎると内側から見えてしまう場合がありますので、持ち上げる時などは注意して行いましょう。

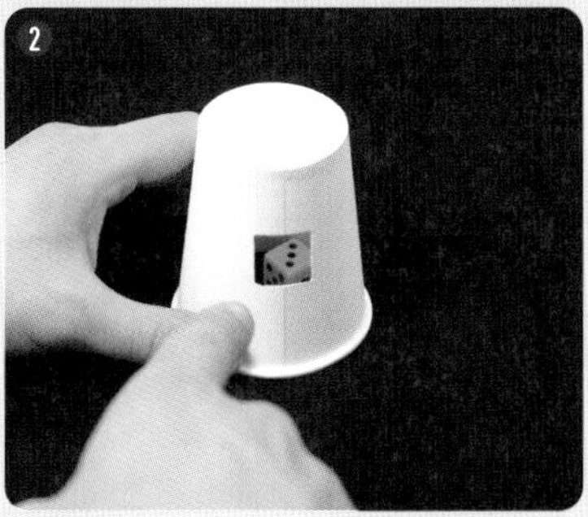

この穴から覗いてサイコロの目を読み取ってしまいます。

穴は親指で塞いで隠します。

Item サイコロ、紙コップ×数個、カッター

Set up ～準備～

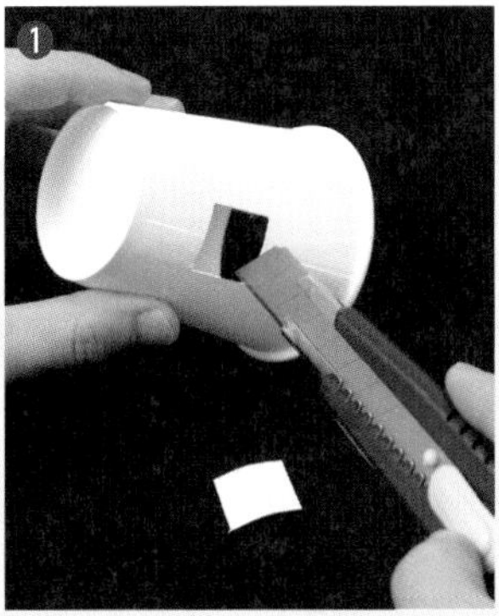

紙コップに約２cm角の穴を開けます。

紙コップをいくつか重ねておきます。一番外側が仕掛けの紙コップになるようにします。

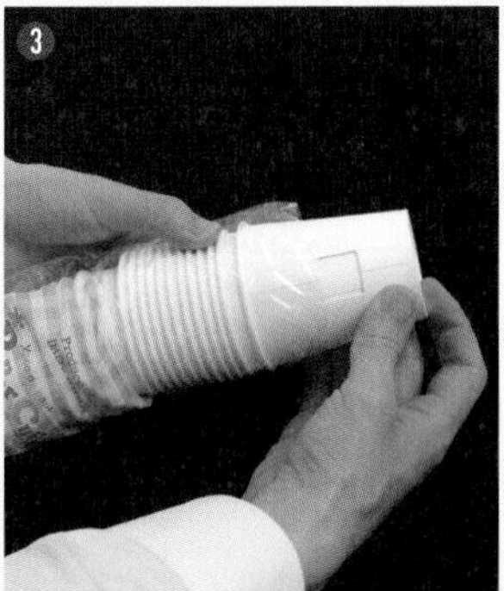

重ねた紙コップを袋に入れておきます。

Try ～実践～

サイコロと紙コップを
使います

サイコロと紙コップを取り出して見せます。紙コップは重ねた状態で袋から取り出し、さり気なく内側を見せるようにします。

紙コップはひとつだけ
使いましょう

穴を親指で隠しながら、一番外側の仕掛けの紙コップだけを抜き取り、穴が手前になるようにしてテーブルに置きます。

私が後ろを向いている間に
サイコロを振って、紙コップ
を被せてください

実際に道具を使って説明します。**この時、紙コップの底辺りを持つようにして見せると、観客もそのように持ちます。**

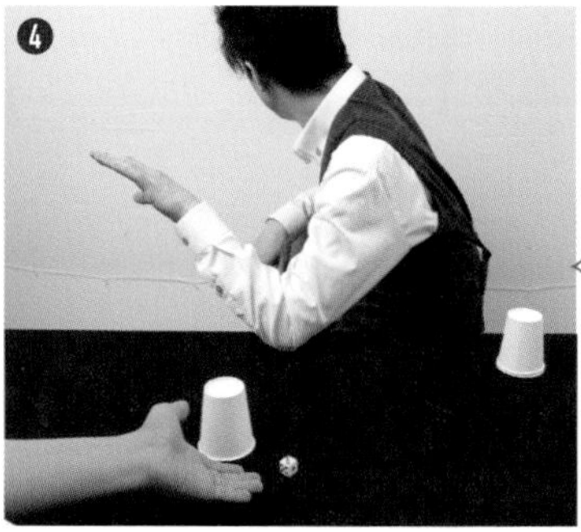

それではお願いします

後ろを向き、観客に先程説明したことをやってもらいます。

終わりましたか？

サイコロに紙コップが被されているか確認してから、向き直ります。

紙コップに
手をかざすと……

紙コップに手をかざします。この時に穴から覗いてサイコロの目を読み取ってしまいます。

❼

「3」の目が見えます

先程覗き見たサイコロの目の数字を告げます。

❽

見事的中です！

紙コップを持ち上げ、当たっていることを示します。

マジックのコツ　当てる素材を替えてみる。

このマジックは、何度も繰り返して演じることができます。ただ、同じことばかりを延々と繰り返していると、単調になってしまいますので、繰り返すのは2～3回程度にしておくのがよいでしょう。それでも、もっとやって欲しいと言われた時には、別の素材に替えてみるのも一つの手です。例えば、数種類のコインを用意し「どれでも好きなコインを1枚選んで紙コップの下に入れてください。残りのコインはポケットにしまってください」と言って、選ばれたコインを当てるという演出で行うと、マジック自体の雰囲気も変わります。

ビリーとバッジの Magic column

マジックは誰が考えている？

マジックは、誰が考えたのか分からないものもたくさんありますが、どんなマジックにも、それを作った考案者《クリエイター》が必ず存在します。TVから流れてくる曲を聴いて「これいい曲だな」と思ったら、誰が作ったのか気になりますよね。ドラマや映画ならば、原作や脚本が誰なのか調べてみたくなると思います。同じように、自分の好きなマジックに出逢った時は、ぜひその考案者《クリエイター》のことも気にしてみてください。「考えた人がいるからこそこのマジックができる」と考えれば、きっとタネを大切にしようという気持ちも湧いてきますよ。

Magic No. 006

輪ゴムが指をすり抜ける !?

ありえない輪ゴムの移動

簡単　クロースアップ　パーティー　日用品

Effect ～こんなマジック～

1
輪ゴムを使います

輪ゴムを人差し指にかけます。

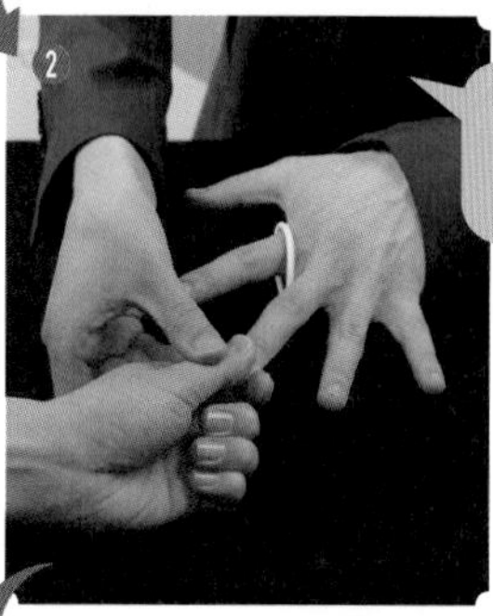
2
中指をつまんでください

観客に中指をつまんでもらいます。

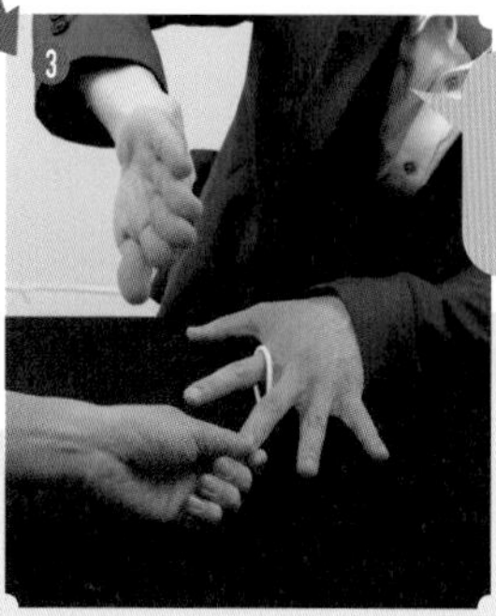
3
少しの間、目を閉じていてください

観客に目を閉じてもらいます。

シンプルな素材で極上の不思議を！

何かが消えれば「消失」、現れれば「出現」、そしてそれらが同時に起これば「移動」という現象になります。これは、輪ゴムというこれ以上ないシンプルな素材を使った、究極の移動マジック。オフィスなど輪ゴムがすぐ側にある場所で、「では、そこにある輪ゴムを使ってマジックをしましょう」といった感じで行うと、本当に何の仕掛けもないように見えるので大変不思議です。

4
目を開けて指を見てください……なんと輪ゴムが中指に！
Applause!

観客が目を開けると、輪ゴムは中指に移動しています。

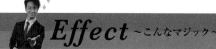

Secret～タネあかし～

※説明のため、ヘアゴムを使っています。

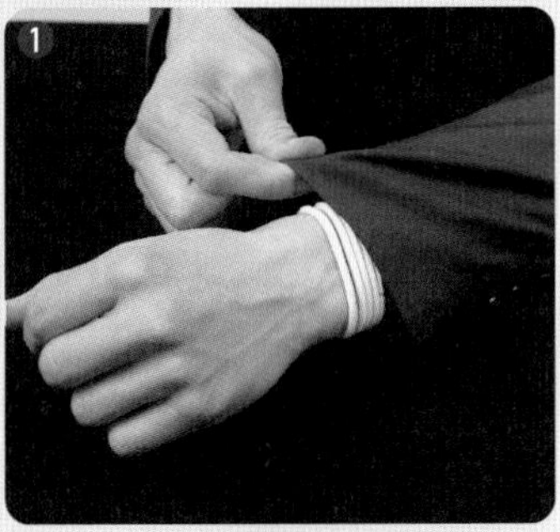

❶ あらかじめ手首に数本の輪ゴムをかけておきます。輪ゴムは袖で隠しておきます。

目は必ず閉じてもらうこと！

このマジックは、秘密の動作を行っている間、目を閉じていてもらうことが絶対条件です。しかし中には、気になってこっそり目を開けてしまう人も……そんな時は、観客に反対向きになってもらい、後ろ手で指をつまんでもらうとよいでしょう。

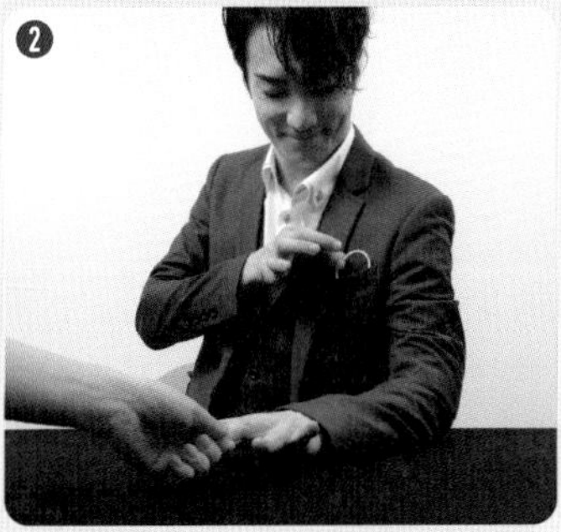

❷ 観客に目を閉じてもらったら、人差し指のゴムを外してポケットにしまいます。

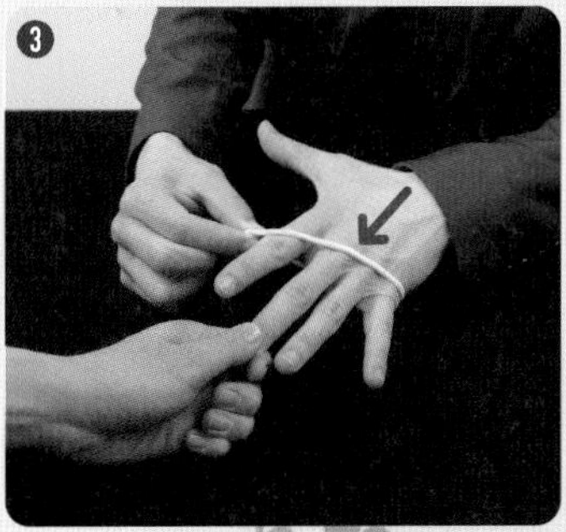

❸ 手首に隠しておいた輪ゴムを抜き出して中指にかけ、観客に目を開けてもらいます。

♣ Item ♠ 輪ゴム×数本、袖のある服

Try～実践～

※説明のため、ヘアゴムを使っています。

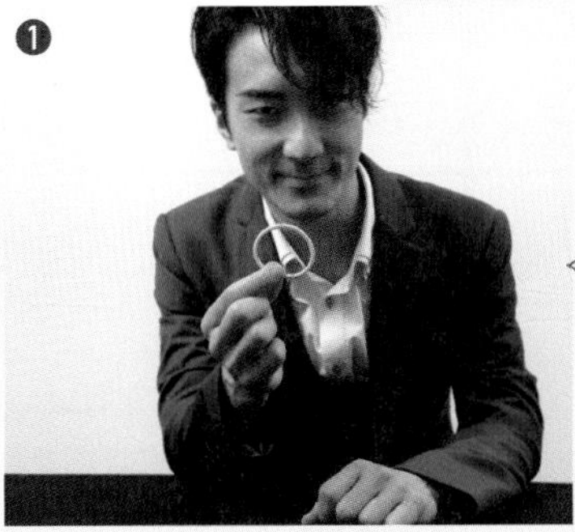

❶ 輪ゴムを使います

輪ゴムを1本持って見せます。

❷ この輪ゴムを人差し指にかけておきます

人差し指に輪ゴムをかけます。

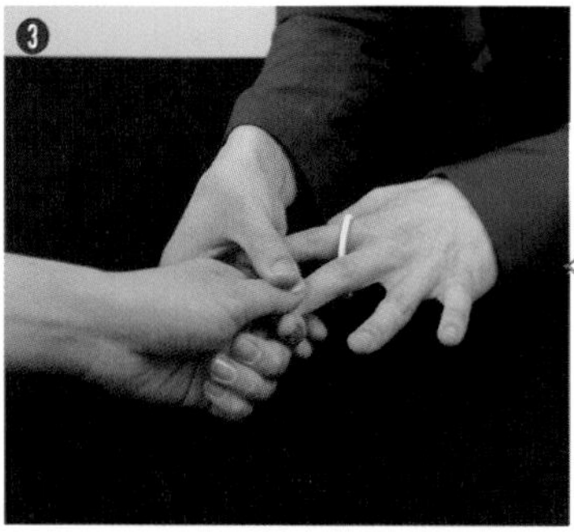

中指をしっかりと
つまんでください

観客に中指をつまんでもらいます。

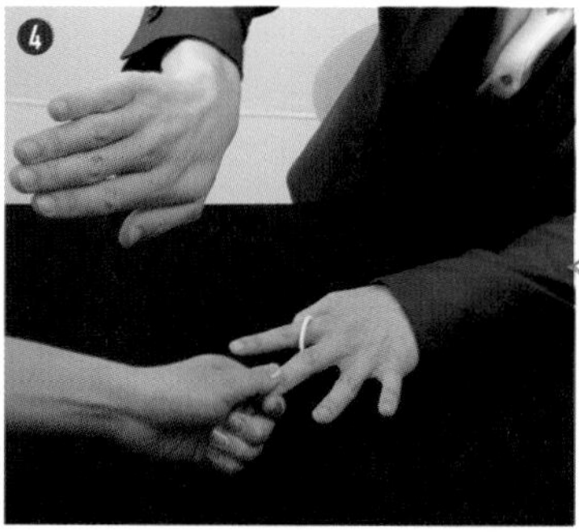

この輪ゴムを中指に移動させますが……
残念ながらその瞬間はお見せできない
ので、目を閉じていてください

これからやることを説明し、観客に目を閉じてもらいます。

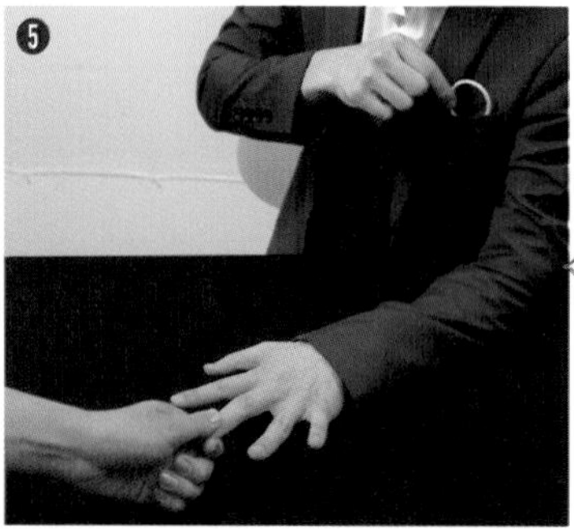

いいと言うまで絶対に
開けないでくださいね

観客が目を閉じている間に、まず人差し指にかけられている輪ゴムを外し、ポケットにしまいます。

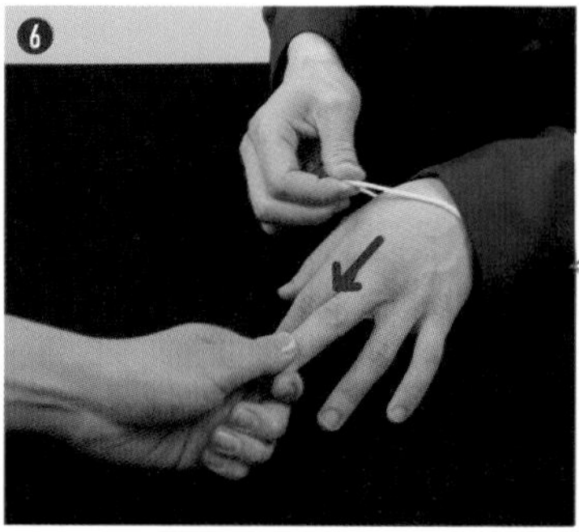

まだですよ……

続いて、手首の輪ゴムを１本抜き出して中指に移します。

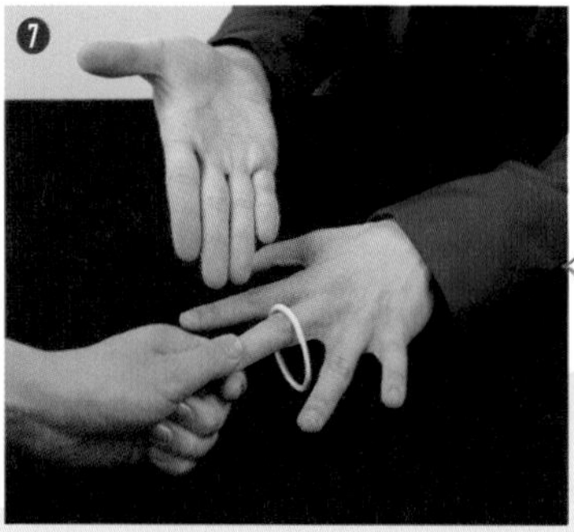

目を開けて指を見てください。
なんと輪ゴムが中指に移動して
います!

観客に目を開けてもらい、輪ゴムが中指に移動したことを示します。

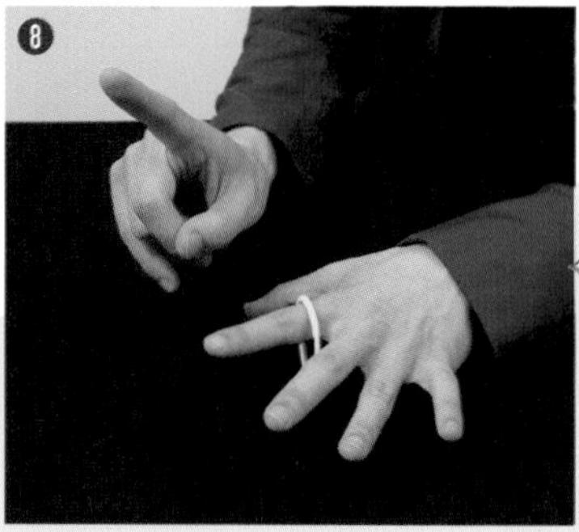

もう一度やってみましょう

つまんでいる手を一旦離してもらい、中指の輪ゴムを人差し指にかけ直します。

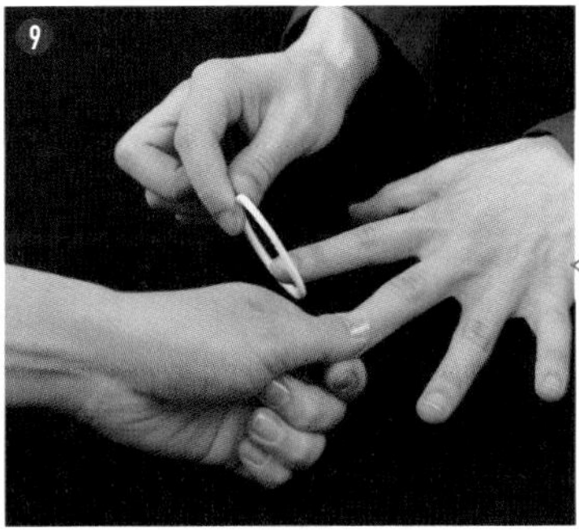

では、もう一度中指をつまんで
しっかり目を閉じて……

❸〜❻の動作で、手首の輪ゴムを中指に移します。

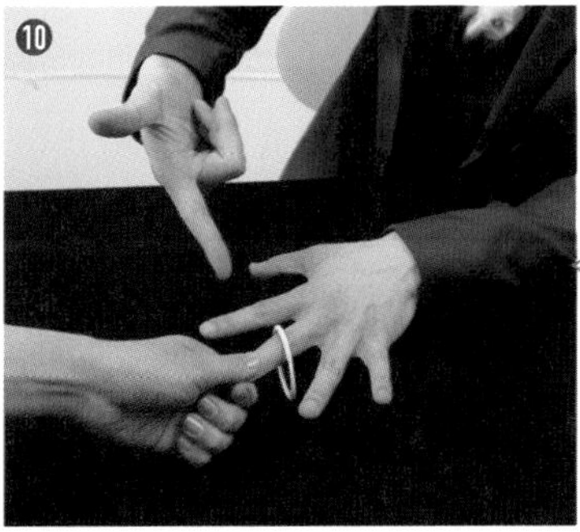

目を開けてください。
輪ゴムはまたしても中指に！

再び輪ゴムが中指に移動したことを示します。何回か繰り返してみせます。

❗マジックのコツ 繰り返す時には変化を付ける。

このマジックは、手首にかけておいた輪ゴムの数だけ、繰り返して行うことができますが、ただ同じことばかり繰り返していては単調な演技になってしまいます。そこで、2〜3回繰り返したら、「では、最後はどれでも好きな指を選んでつまんでください。その指に輪ゴムを移動させてみせましょう」などと言って行うといいでしょう。もし逆に観客の方から「中指以外でもできるの？」と聞いてきたらしめたもの。「……う〜ん、非常に難しいですがなんとかやってみましょう」などと勿体《もったい》ぶって行えば、クライマックスが一層盛り上がります。

ビリーとバッジの Magic column

おまじない（＝マジカル・ジェスチャー）の意味

おまじないは、その動作自体には何の意味もありませんが、マジックを演じる上では重要な意味を持っています。例えば「大変身マネー（88ページ）」では、息を吹きかけるというマジカル・ジェスチャーを行っていますが、これが、ただお札を折り畳んで広げただけで変化したのでは、単なるペーパーパズルのように思われてしまうかもしれません。マジシャンがおまじないをかけることで、「マジシャンの力によって不思議なことが起こった」と、観客に感じさせることができるのです。また、いつ不思議なことが起こったのか、その瞬間《タイミング》を明確にするという役割もあります。

Magic No. 007

何が選ばれるかあらかじめ知っている!?

絶対に当たる予言

超簡単　クロースアップ　その他　メンタル　トーク

Effect ～こんなマジック～

「ワニ」「サイ」「トラ」から、自由に一つ選んでください

箱から3種類の品物を取り出してテーブルに置き、観客に一つを選んでもらいます。

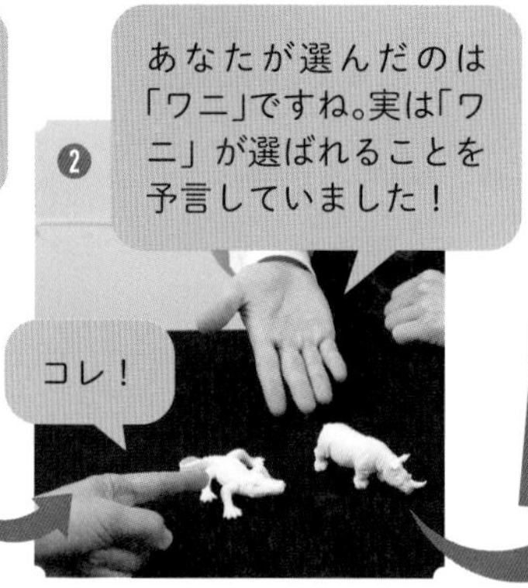
あなたが選んだのは「ワニ」ですね。実は「ワニ」が選ばれることを予言していました！
コレ！

観客は全く自由に品物を選んだはずですが……

ホラ、この通り！
Applause!

「ワニ」をひっくり返すと「あなたはワニを選ぶ！」と書かれています。

シンプル・イズ・ベストな原理

読心術、透視、予言など、観客の知覚に訴えかけるマジックを「メンタルマジック」といいます。強烈な現象ですが、原理は意外とシンプルなものが多く、このマジックも裏側を知ればとても簡単にできることが分かるでしょう。ただしその分必要なのが演技力。本物の超能力に見えるよう、それぞれのパターンをしっかりと覚えて臨みましょう。

Secret ～タネあかし～

3種類の予言が書かれたシールを用意します。

品物の裏、箱の底、蓋の裏に貼っておきます。

選ばれた品物に応じて、見せる予言を変えます。

予言は三つあった！

3種類の予言を、観客の選択によって巧みに使い分けます。"用意していた予言はこれ一つだけ！"という態度で堂々と演じることが重要です。

♣Item♠「ワニ」「サイ」「トラ」（3種類の品物）、「あなたはワニ／サイ／トラを選ぶ！」（3種類の予言）が書かれたシール、箱

Try ～実践～

「ワニ」「サイ」「トラ」から、自由に一つ選んでください

箱から3種類の品物を取り出してテーブルに置き、観客に一つを選んでもらいます。

2-1「ワニ」が選ばれた場合

「ワニ」をひっくり返して「あなたはワニを選ぶ！」を見せます。他の品物もひっくり返して何も書かれていないことを示します。

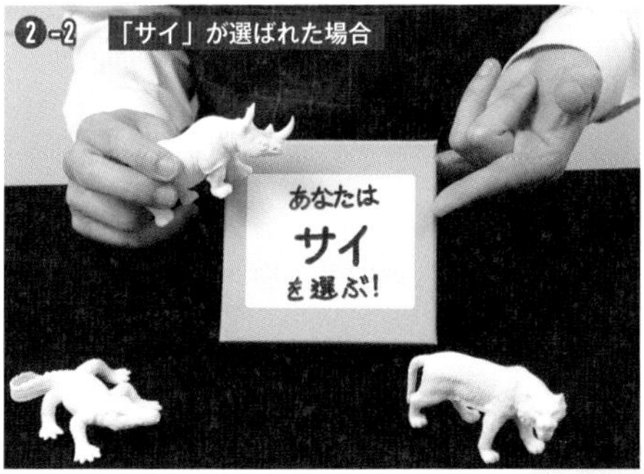

2-2「サイ」が選ばれた場合

箱の底に貼られた「あなたはサイを選ぶ！」を見せます。

2-3「トラ」が選ばれた場合

蓋の裏に貼られた「あなたはトラを選ぶ！」を見せます。

❗マジックのコツ「もう一回できるの？」と言われたら……

このような予言のマジックを行うと、「もう一回やって！」とリクエストされることがあります。これは、観客が「もし別の品物を選んでいたらどうなっていたのだろう……？」と考えているからで、繰り返して行うことはそのままタネ明かしになってしまいます。そんな時には、「残念ながらこの予言は一日に一回だけなのです。代わりに別のマジックをお見せしますね」と笑顔で上手に断り、準備しておいた別のマジックに繋げるようにしましょう。

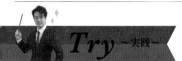

Magic No. 008

自由に思った数字が予言されている

不思議な数字

簡単 / クロースアップ / パーティー / その他 / 何もなし / セルフワーキング / メンタル / トーク

Effect ～こんなマジック～

セルフワーキングで必ず当たる！

特別な技術を必要とせず、手続き通りに行えば必ずできるマジックを「セルフワーキング・トリック」といいます。このマジックもとても昔からある原理ですが、観客はまるで心を見透かされたかのように感じることでしょう。ただし、指示だけは間違えないよう、くれぐれもご注意を……！

❶

予言の封筒を置いておきます

予言の数字を書いた紙を入れた封筒をテーブルに置いておきます。

❷

7
1
3
8
6
2
9
4
5
「1～9」の間で一つ数字を思い浮かべてください

観客に頭の中で一桁の数字を一つ思い浮かべてもらいます。

❸

+8
×2
÷2
～?
その数を2倍して、8を足して、さらに半分にして……

指示に従って頭の中で計算してもらいます。

❹

今、皆さんの頭の中にある数字はこれですね！
4
Applause!

封筒から紙を取り出して見せると、そこには観客の出した答えが！

Secret ～タネあかし～

「4」になる計算式はコレ！

①3×2＝6
②6＋8＝14
③14÷2＝7
④7－3＝4

例：観客の思った数字が3の場合

①7×2＝14
②14＋8＝22
③22÷2＝11
④11－7＝4

例：観客の思った数字が7の場合

必ず同じ答えに辿り着く！

最初に思い浮かべた数字が何であっても、この手順通りに計算していけば、答えは必ず「4」になります。ただし指示を間違えるとこのマジックは成立しません。計算式を忘れそうな場合はカンニングペーパーを作っておくといいでしょう。

Item 紙、ペン、封筒、スタンドなど

Set up ～準備～

1 紙に「4」と書きます。

2 その紙を封筒に入れ、口を閉じます。

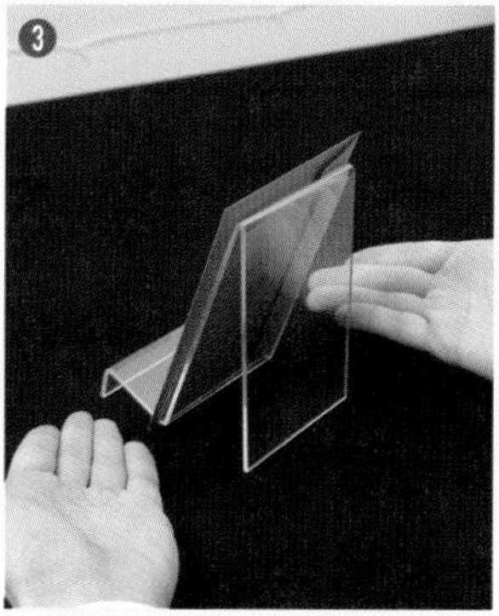

3 遠くから見えるよう、封筒を立てて置けるスタンドなどがあるといいでしょう。

Try ～実践～

❶

この封筒の中には予言が入っています

「4」と書いた紙を入れた封筒をテーブルに置いておきます。

❷

「1～9」の間で一つ数字を思い浮かべてください

観客に頭の中で一桁の数字を一つ思い浮かべてもらいます。**(例：5)**

❸

その数を2倍してください

❷で思い浮かべた数字を2倍してもらいます。
(例：$5 \times 2 = 10$)

❹

その数に「8」を足してください

❸で出た数字に「8」を足してもらいます。
(例：$10 + 8 = 18$)

❺

その数を半分にしてください

❹で出た数字を半分にしてもらいます。
(例：$18 \div 2 = 9$)

❻

最後に、その数から最初に思い浮かべた数を引いてください

❺で出た数字から、最初に思い浮かべた数を引いてもらいます。答えは必ず「4」になります。
(例：$9 - 5 = 4$)

❼

それぞれ全く自由に数字を思い浮かべたはずですが……

封筒を開いて中から紙を取り出します。

❽

今、皆さんの頭の中にある数字はこれですね！

「4」と書かれた予言の紙を見せます。

!マジックのコツ 何もなくても演技可能！

パーティーなど大勢の前で演じるのにピッタリのマジックです。封筒を使わずに即席で演じる場合は、「では皆さん、最後に導き出された数字を心の中で強く思ってください。そうするとその数字が伝わってきます。……おや、不思議なことに全員が同じ数字を思っているようです。その数字は「4」ですね！」と、「予言」ではなく「読心術」のような演技をするといいでしょう。また、原理を理解すれば、予言の数字は「4」以外にもできることにお気付きでしょう。観客に縁《ゆかり》のある数字になるように演じると、とても特別《スペシャル》なマジックになりますよ。

ビリーとバッジの Magic column

セリフの重要性

マジック（特にクロースアップマジック）ではセリフは重要です。セリフ一つでそのマジックが面白くもつまらなくもなる、と言っても過言ではありません。本書では、演じる際に最低限必要なセリフのみを記載しておきましたので、ぜひ自分なりにいろいろと考えてみてください。例えば「大変身マネー（88ページ）」では、「今日はイリュージョンをご覧にいれましょう！……といっても主役は私ではなく、こちらの野口さんです」などと言って行うと、ただ千円札を取り出すよりも、グッと観客の興味をひくことができます。独自のセリフで演じれば、自分だけのオリジナルマジックになりますよ。

Magic No. 009

絶対に当てることができない

タブレット・モンテ

少し練習　クロースアップ　日用品　テクニック　トーク

Effect ～こんなマジック～

当たりの場所を自在にコントロール

当たりはどこか、しっかりと目で追っていたはずなのに、なぜかいつもハズれてしまう……俗に「モンテ」と呼ばれるゲーム形式のマジックです。このマジックでは「音」を巧みに操って当たりの場所を移動させています。その巧妙な仕掛けとは……？

❶

3個のタブレットがあります
TRICK

紙袋から3個のタブレット（以下、ケース）を取り出し、テーブルに並べます。

❷

1個には中身が入っていますが、他の2個は空っぽです
TRICK

ケースを振って音を立て、どれに中身が入っていてどれが空っぽかを示します。

❸

少し動かして……さて中身が入っているのはどれでしょう？
TRICK

ケースを移動させ、中身が入っているのはどれか尋ねます。

❹

残念、こちらは空っぽでした！
TRICK
Applause!

観客が選んだケースはなぜか空っぽです。

Secret ～タネあかし～

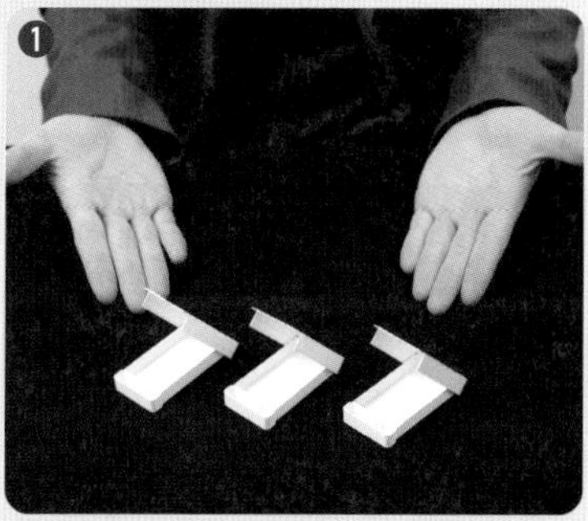

観客に見えている3個のケースは全て空っぽです。

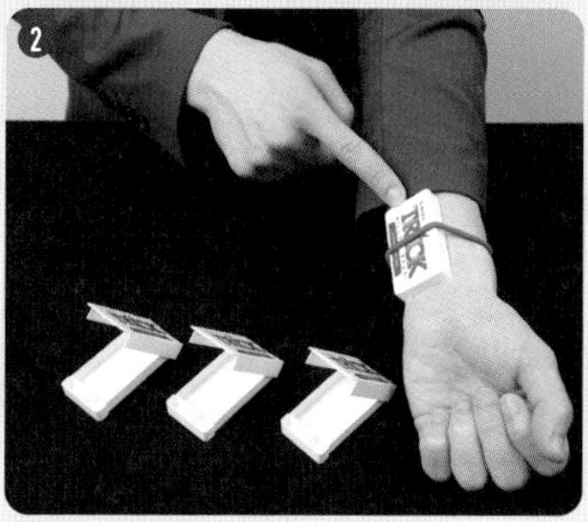

中身の入っているケースが左手首に隠されています。

「音」が場所を示している！

「振って音がする」＝「中身が入っている」と考える人間の「常識」を利用したトリック。ケースを振る手を使い分ける事で、中身の場所を移動させています。持ち上げる時に手を間違えないよう、自然な動作を心掛けましょう。

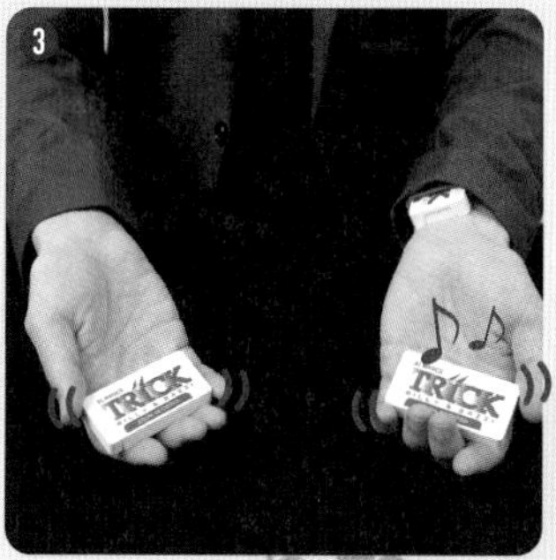

左手で持って振ると、音が出て中身が入っているように見えます。右手で持って振ると空っぽに見えます。

Item タブレット（中身を出し入れできるケース）×4個、輪ゴム、紙袋、袖のある服

Set up ～準備～

4個のケースの内、3個は中身を出して空にしておきます。

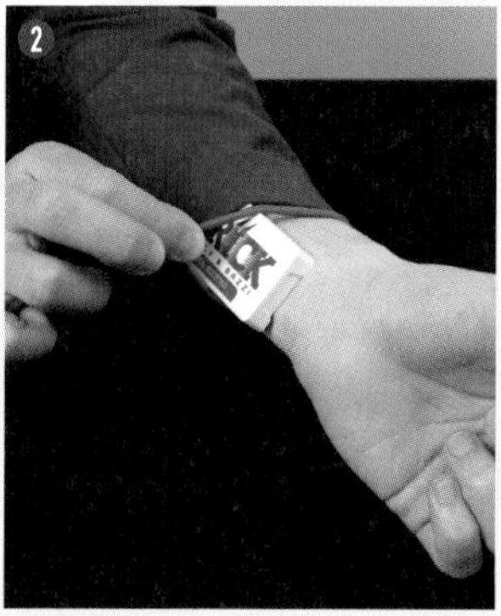

中身の入っているケースを左の手首に輪ゴムで留め、袖で隠します。

空のケースを紙袋に入れておきます。

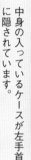

Try ～実践～

3個のケースがあります

紙袋から3個のケースを取り出し、テーブルに並べます。

1個には中身が入っていますが、他の2個は空っぽです

「中身が入っているケース」は左手で、「空っぽのケース」は右手で取り上げて振ります。

ケースの場所を少し動かします

3個のケースをテーブルに置き、場所を移動させます。この時、不自然な音が出ないよう、充分に注意して行います。

さて中身が入っているのはどれでしょう?

中身が入っているケースはどれか、観客に尋ねます。

残念、こちらは空っぽで中身が入っているのはこちらでした!

観客が指差したケースを右手で振って空であることを示します。もう1個も右手で振り、最後のケースを左手で振って音を立てます。

もう一度やってみましょう

❸～❺を2～3回繰り返します。その都度、動かし方に変化をつけるようにします。

❼

3個だとむずかしいですよね。
では2個だけでやってみましょう

空に見えているケースを右手で取り上げて振り、音が出ないことを示してから、紙袋にしまいます。

❽

ケースを動かして……さて中身が
入っているのはどちらでしょう？

2個のケースを移動させ、中身が入っているケースがどちらか、観客に尋ねます。

❾

残念、こちらは
両方とも空っぽです！

2個とも右手で取り上げて振り、どちらも空であることを示します。

❿

中身が入っている
ケースはこちらでした！

紙袋に左手を入れてケースを取り出し、振って音を立ててみせます。

❗マジックのコツ　意地悪マジシャンにならないように！

このようなモンテ・マジックでは、マジシャンが当たりの場所を自由にコントロールできるため、観客は絶対に当てることができません。しかもそれが何度も繰り返されると、観客はだんだんとフラストレーションがたまってきます。そうならないために、**「これは絶対に当てることができないマジックなんですよ」**と、あくまでもマジックであることを、しっかりと伝えておきましょう。また、他に音が出るもので何が使えるか、いろいろと探して試してみるのも面白いですね。

Magic No. 010

何度やっても同じにならない

なぜか揃わない名刺

簡単 クロースアップ 日用品 セルフワーキング 工作 トーク ビジネス

Effect ～こんなマジック～

4枚の名刺を使います

お互いに4枚の名刺を持ちます。

私と同じようにやってください

同じように名刺を混ぜていきます。

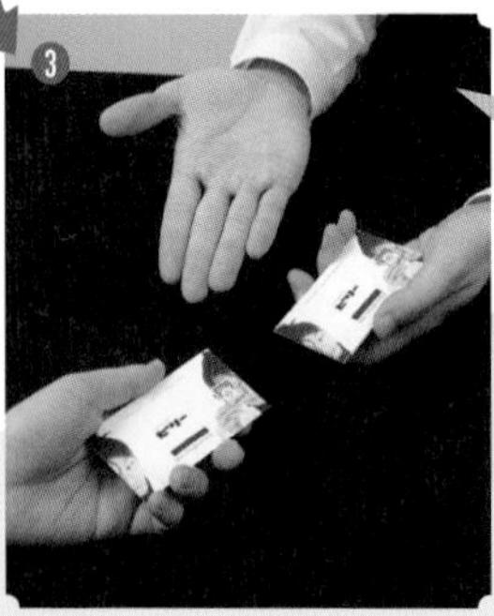

全く同じようにやりましたよね？

二人とも同じ動作をしたはずですが……

仕掛けは名刺そのものに！

お互いに全く同じことをしているはずなのに、なぜか違う結果になってしまう……特別な指先のテクニックを使っている訳ではなく、実は名刺にちょっとした仕掛けがしてあります。名刺入れに忍ばせておけば、いつでも演じることができるマジックです。

あれれ、揃っていませんよ

Applause!

なぜか観客の名刺は1枚が裏返しになっています。

Secret ～タネあかし～

1

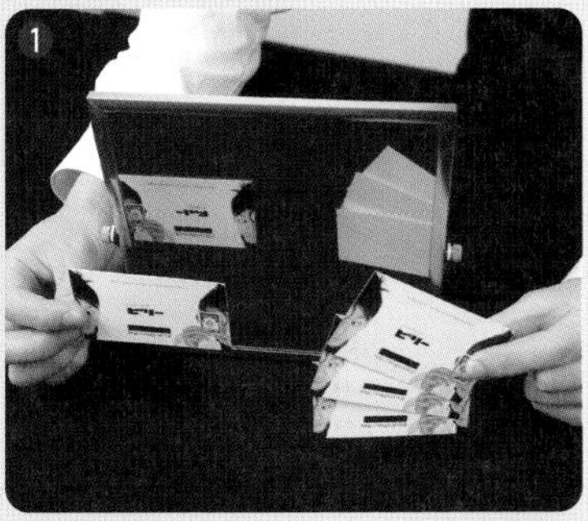

自分が持つ４枚の名刺の内、１枚は両面が表になっています。

人間心理も巧みに利用！

このマジックは、指示通りに行うと実際には1枚が裏返ります。ところが観客は、4枚全ての向きが揃っているマジシャンの名刺を見て、「揃っている(マジシャン)＝正しい」「揃っていない(観客)＝間違い」と勝手に思ってしまうのです。

2

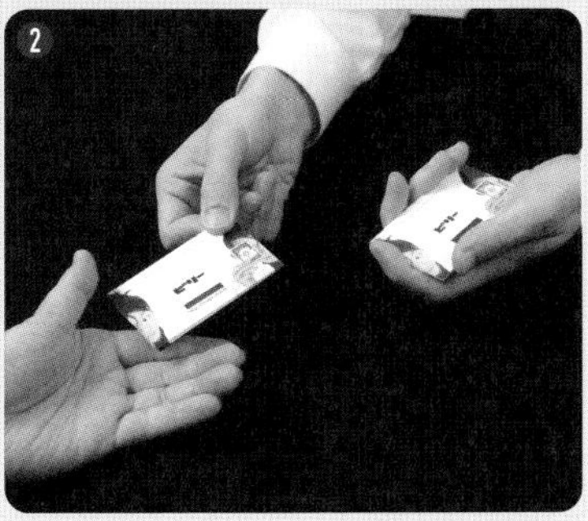

観客に渡す４枚は普通の名刺です。

3

同じ動作をしても、結果は違ったものになります。

Item 名刺×9枚、のり、名刺入れ

Set up ～準備～

1

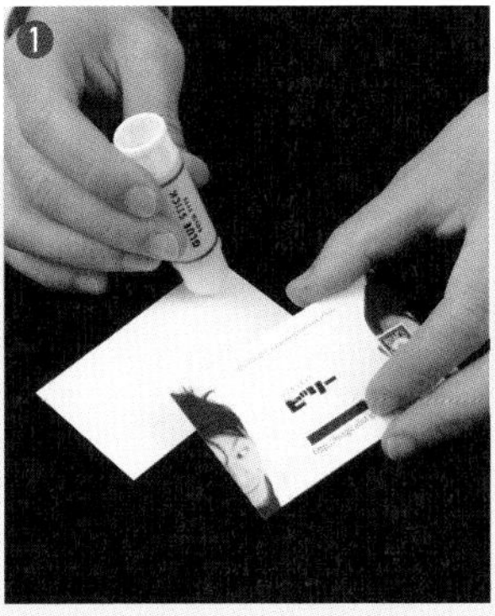

縦にひっくり返した時に同じ向きになるように、2枚の名刺を貼り合わせます。

2

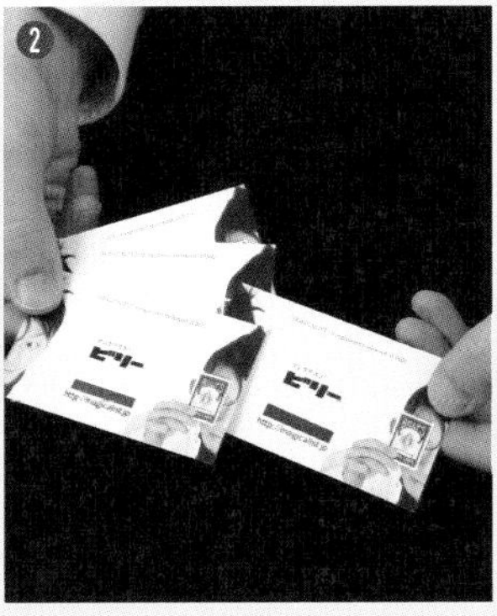

この仕掛けの名刺を、上から2枚目にセットします。

3

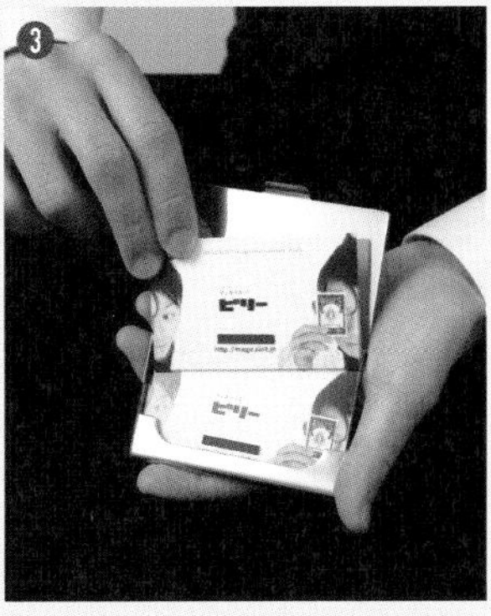

セットした4枚の名刺と観客の分の4枚を、順番を間違えないように名刺入れに入れておきます。

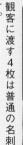

Try ～実践～

❶

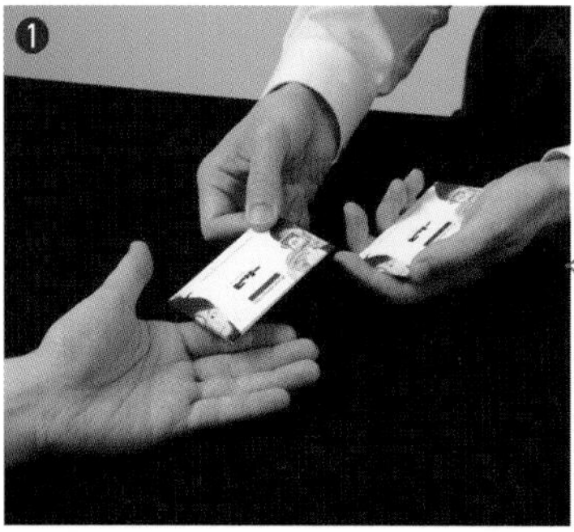

お互いに4枚の名刺を持ちます。
私と同じようにやってください

名刺入れからセットしておいた名刺を取り出します。観客には普通の名刺4枚を渡します。

❷

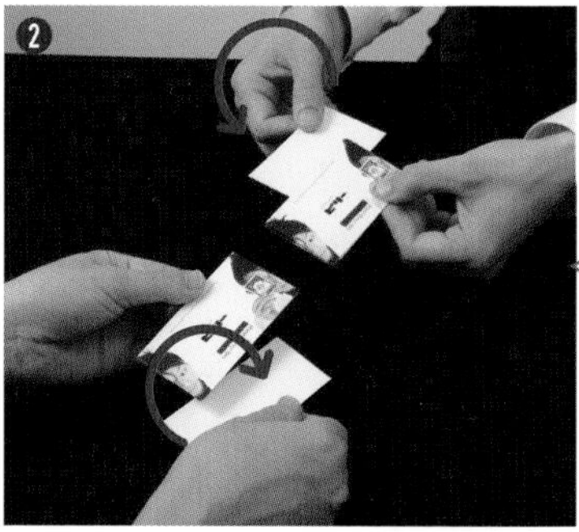

最初の名刺はひっくり返して
一番下に回します

4枚を揃えて持ち、一番上の名刺を縦にひっくり返して束の下に回します。観客にも同じようにやってもらいます。

❸

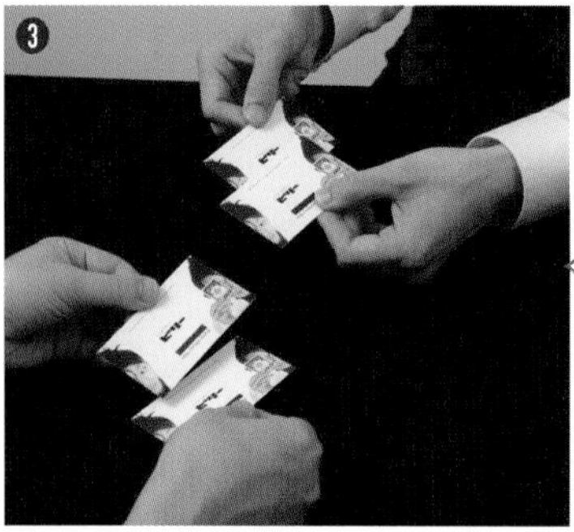

次の名刺はそのまま
下に回します

2枚目の名刺は向きを変えずに、束の下に回します。

❹

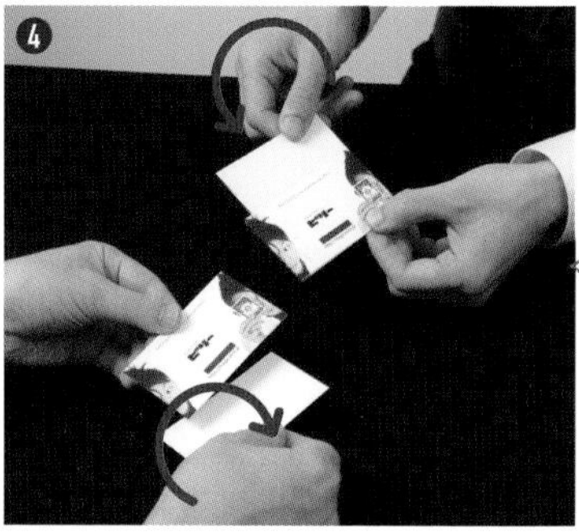

次の名刺はひっくり
返して下に回します

3枚目の名刺を縦にひっくり返し、束の下に回します。

❺

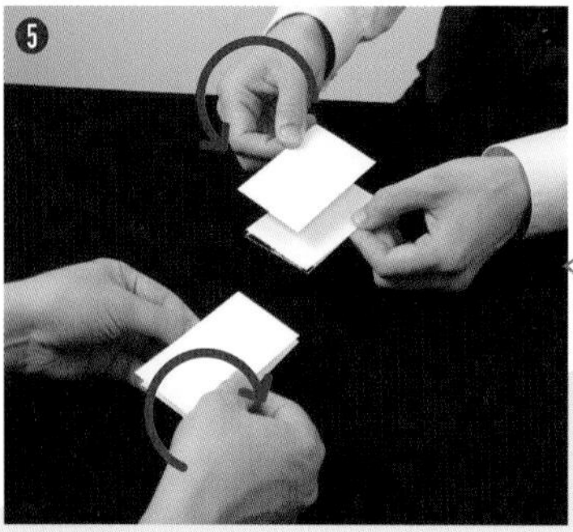

最後の名刺はひっくり返して
そのまま一番上にのせます

4枚目の名刺を縦にひっくり返し、そのまま束の上にのせます。

❻

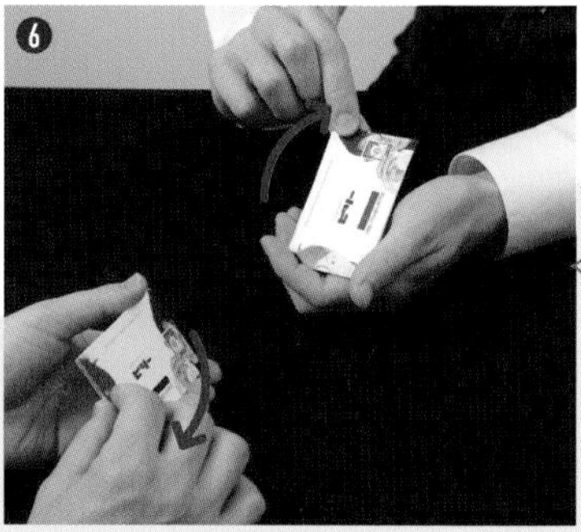

名刺をまとめて
ひっくり返します

4枚をよく揃えてから、束全体をまとめて縦にひっくり返します。

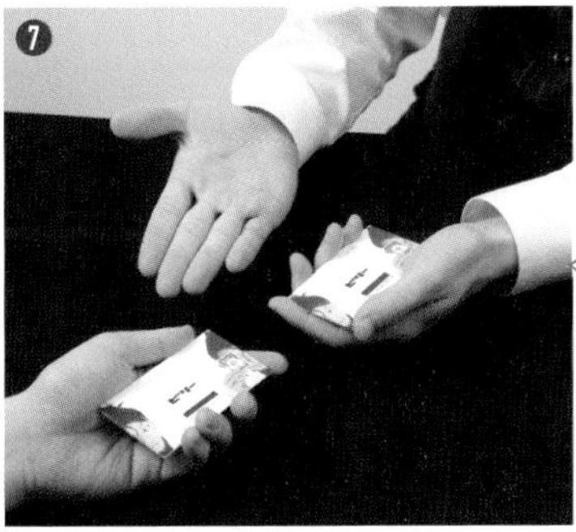

全く同じように
やりましたよね？

お互いに同じ動作をしたことを確認します。

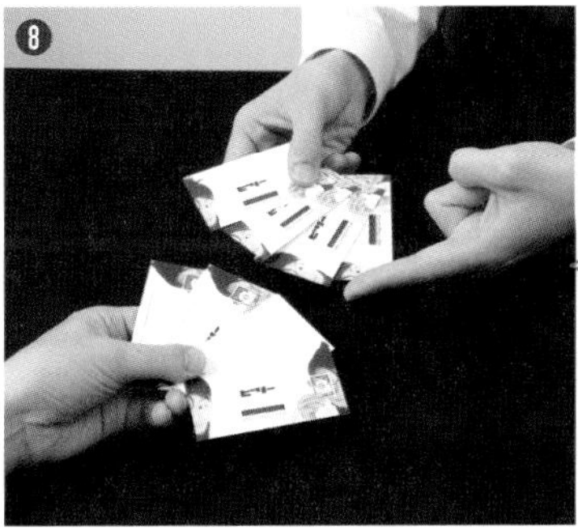

あれれ、
揃っていませんよ

お互いに名刺を広げて、観客の名刺が1枚裏返しになっていることを示します。

マジックのコツ　使った名刺はそのまま渡すのがGOOD！

マジックが終わった時、マジシャンの名刺は最初の状態（2枚目が仕掛けの名刺）に戻っていますので、このまま繰り返して演じることができます。ただしあまり何度もやると、タネがバレてしまう恐れがありますので、繰り返すのは2～3回くらいがいいでしょう。終わったら名刺はそのまま差し上げるようにします。「またこのマジックが見たくなったら連絡してくださいね」とニッコリ笑って渡せば、初対面の相手との距離を近づけることにも役立ちますよ。

ビリーとバッジの Magic column

「わかった！」と言われたときは……

マジックをしていて「わかった！」と言われると、ドキッとしてしまいますよね。ところが実はそれほど心配する必要はありません。観客は「わかったような気がする」という意味合いで言っているだけで、具体的に把握した訳ではない場合の方が多いのです。マジックは、タネを見破れるかどうかの勝負ではありません。言い返したりなどせずに、「さあ、どうでしょうか」と笑顔でかわしてマジックを進行するといいでしょう。ただし、本当にタネが見えてしまった場合は別です。「ごめんなさい、失敗してしまいました」と素直に謝り、「代わりに別のマジックをお見せしますね」と言って他のマジックに移りましょう。

Magic No. 011

目の前で通り抜ける！

リンキング・コルク

少し練習　クロースアップ　日用品　テクニック

Effect ～こんなマジック～

❶

2個のコルクを使います

両手にコルクを持って見せます。

❷

コルクとコルクをぶつけると……

コルク同士を打ち付けます。

❸

貫通してしまいました！

コルクが貫通してしまいます。

手練《スライハンド》で行う即席マジック

両手に持ったワインのコルク栓が溶け込むように貫通してしまいます。コルク栓には何の仕掛けもなく、「手練《スライハンド》」と呼ばれる、指先のテクニックのみで行うマジックです。マスターするにはそれなりの練習が必要ですが、道具さえあれば、いつでもどこでも完全に即席で演じられます。

ハイ、この通り！

❹

再びコルクは外れてしまいます。

Secret ～タネあかし～

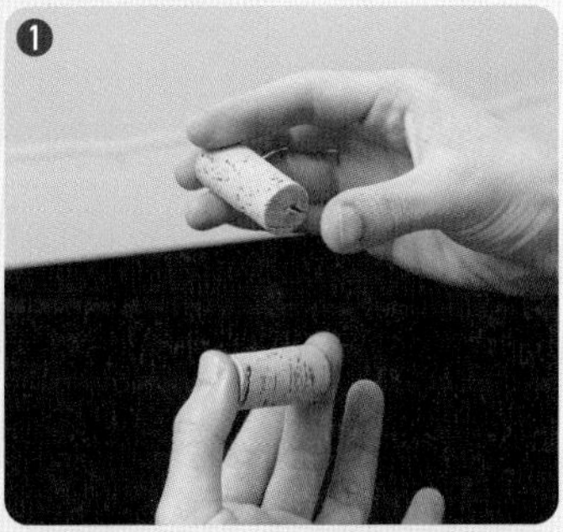

右手を振り降ろす際、コルクは人差し指と薬指で挟んで持ち、親指をコルクから離します。

リンキングはスムーズに！

コルクを持つ指を入れ替える動作と振り降ろす動作は、別々に行ってはいけません。二つの動きを同時に行うのは、慣れないとちょっと難しいですが、スムーズにできるようになるまで繰り返し練習しましょう。

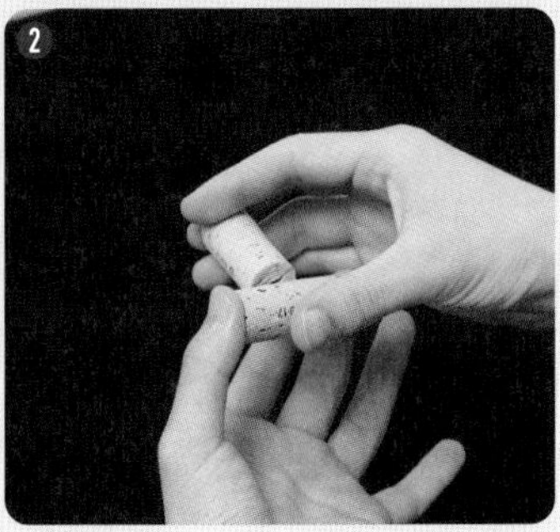

コルクと親指の隙間に左手のコルクが通るように、右手を下に振り降ろします。

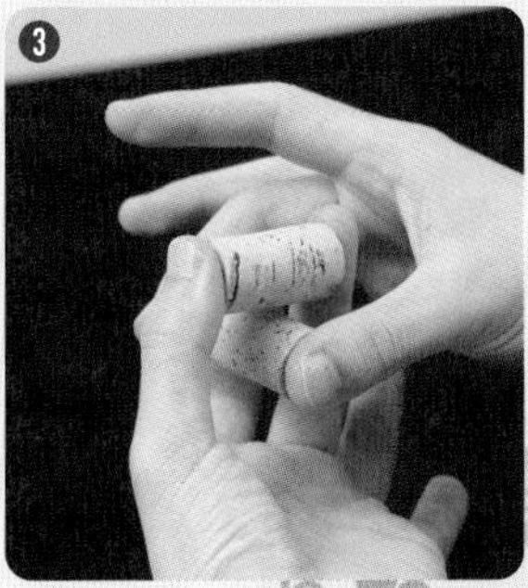

コルクを完全に通り抜けたら、再び親指でコルクを押さえて、人差し指と薬指をコルクから離します。こうするとコルクがコルクを貫通したように見えます。

Item コルク栓×2個

Try ～実践～

2個のコルクを使います

両手にコルクを持って見せます。コルクは親指と中指で持ちます。

コルクとコルクをぶつけると……

コルク同士を打ち付けます。

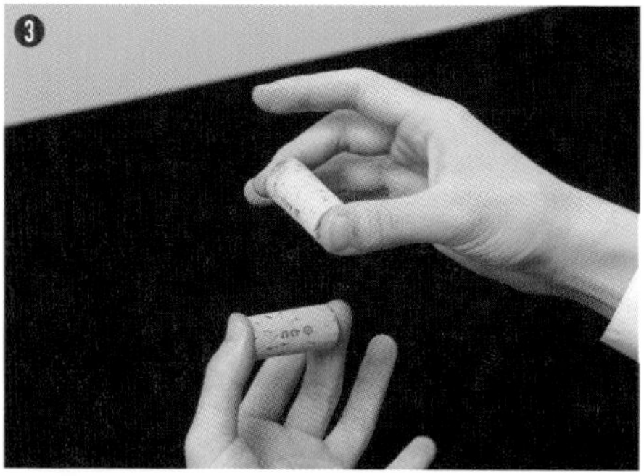

右手のコルクを上、左手のコルクを下にして、それぞれが交差するように構えます。

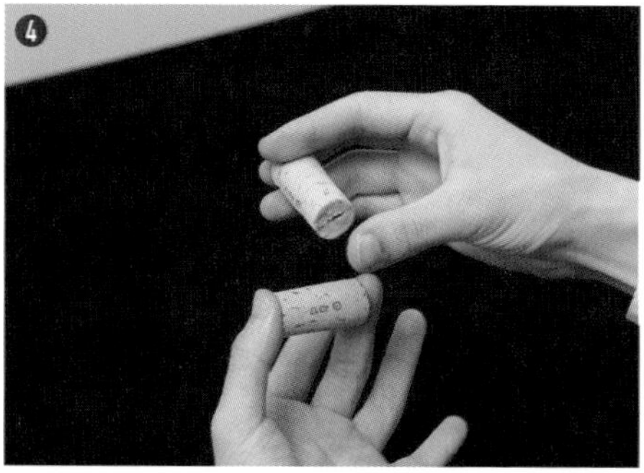

右手のコルクを左手のコルクに打ち付ける動きの中で人差し指と薬指でコルクを挟んで持ち、親指をコルクから離します。

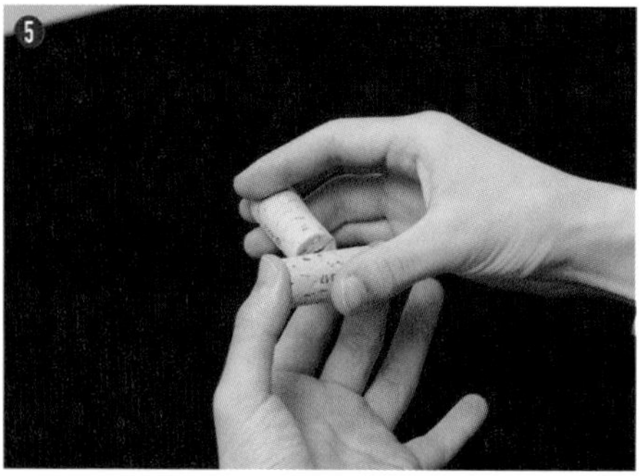

コルクと親指の隙間に左手のコルクが通るように、右手を下に振り降ろします。

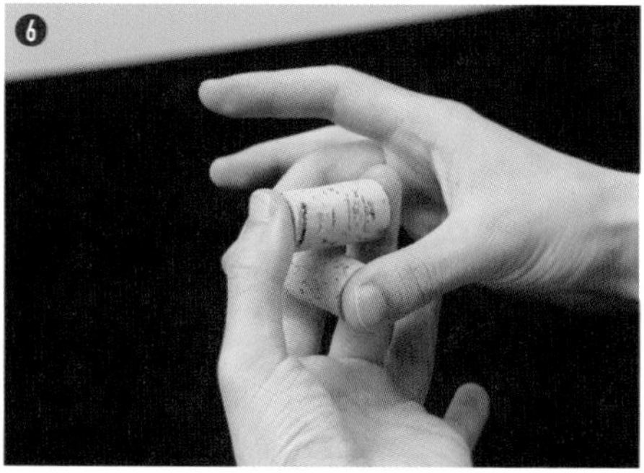

コルクを完全に通り抜けたら、すかさず親指でコルクを押さえて、人差し指と薬指をコルクから離します。

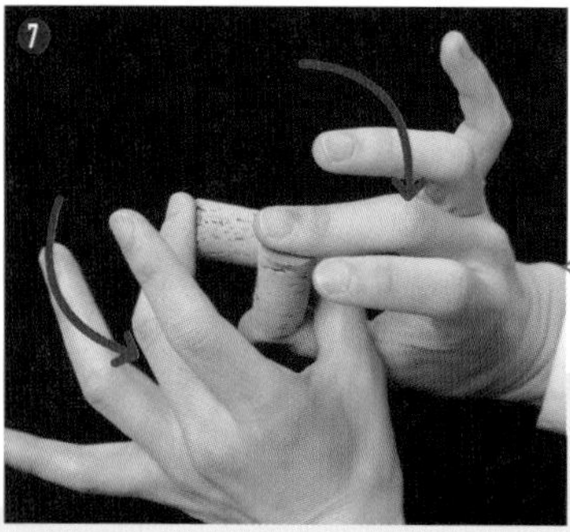

コルクが貫通してしまいました！

両手を返して、コルクが貫通したことを示します。

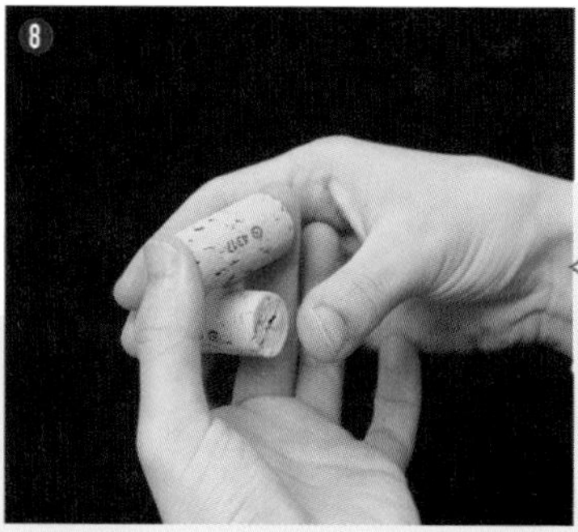

さらにこうすると……

両手を戻しながら、再び人差し指と薬指でコルクを挟み、親指をコルクから離します。

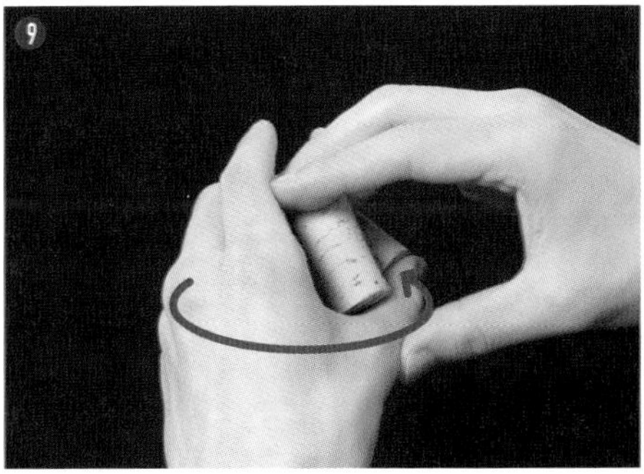

左手の4本の指の陰でコルクと親指の隙間に左手の親指を通します。

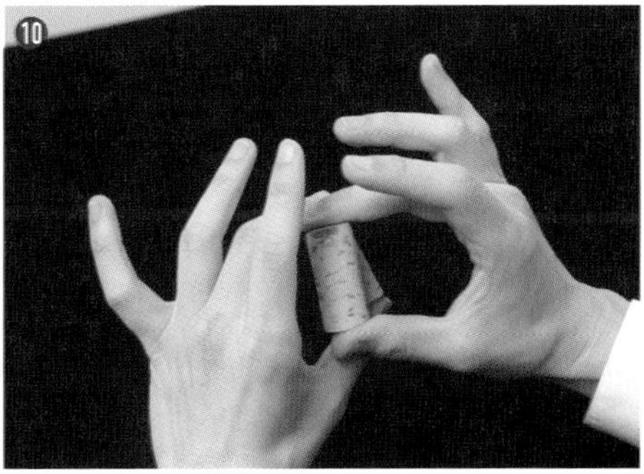

親指が通り抜けたら、右手は再びコルクを元の状態に持ち直します。

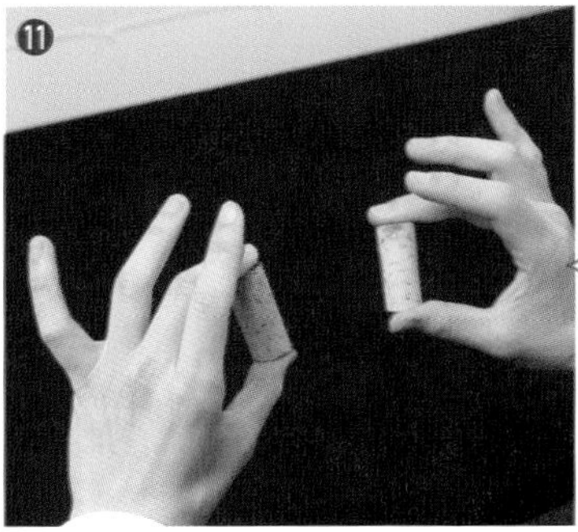

ハイ、この通り！

両手を左右に離して、コルクが外れたことを示します。

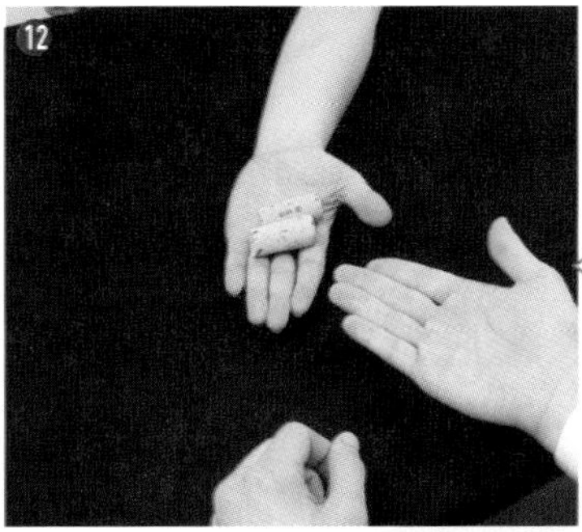

もちろんコルクには何もありません

コルクを手から離し、観客に渡して調べてもらいます。

マジックのコツ　小さな動きは大きな動きでカバー！

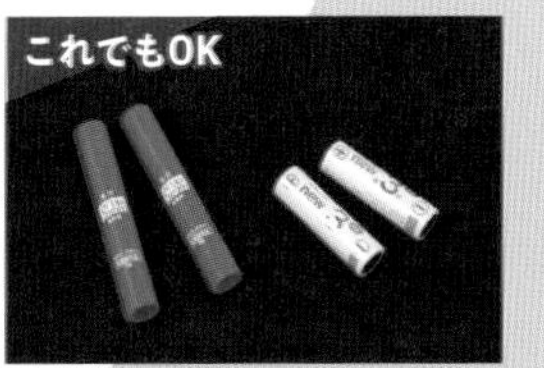

人間は、小さな動きよりも大きな動きの方に目がいくという性質があります。コルクを持つ指を入れ替えるという秘密の動作は、コルクを振り降ろすという大きな動作の中に紛れ込ませることによってカバーされます。どのタイミングで指を動かし始めればいいのか、鏡の前で実際のスピードでやってみて、タイミングを掴んでください。また、コルク以外にも、似たような形状のものでどんなものが使えるか、いろいろと試してみましょう。

Magic No. 012

指一本で相手の動きをコントロール

催眠術で立てなくなる

超簡単 パーティー 何もなし

Effect ～こんなマジック～

椅子に座って
ください

観客に椅子に深く腰かけてもらいます。

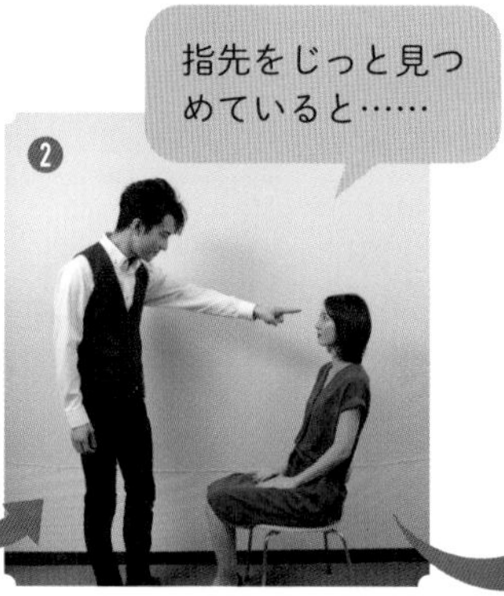
指先をじっと見つめていると……

人差し指を観客のおでこに近付けていきます。

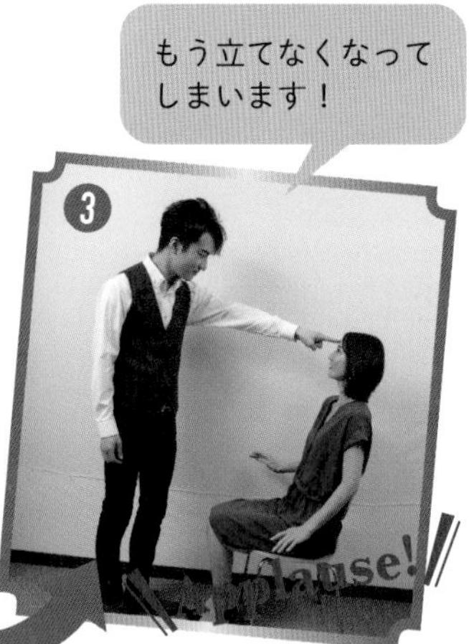
もう立てなくなってしまいます！

観客は椅子から立ち上がれなくなってしまいます。

人間の身体の仕組みを利用したマジック

椅子に座った相手のおでこに軽く指をあてるだけで、なぜか立ち上がれなくなってしまいます。老若男女どんな相手でも指一本で操ることができる、人間の身体の構造を利用した面白いマジックです。椅子さえあればどこでもすぐに演じられます。

Secret ～タネあかし～

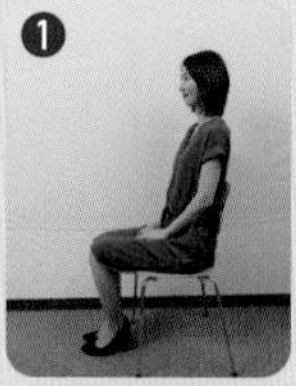

椅子には深く座ってもらうようにします。

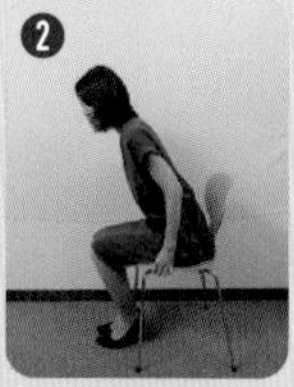

立ち上がるには、前かがみになる必要があります。

おでこを押さえられると、重心が移動できず、立てません。

演出で不思議さアップ！

ただおでこを押さえるだけでなく、指先を見つめさせることで、まるで催眠術をかけているかのような演出になります。

Try ～実践～

❶

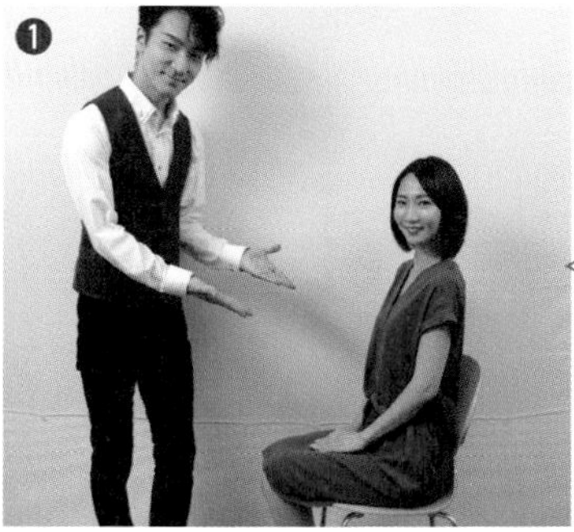

椅子に座ってください

背もたれにあたるように深く腰かけてもらいます。背筋を伸ばして足を揃え、手を膝の上に置いてもらいます。

❷

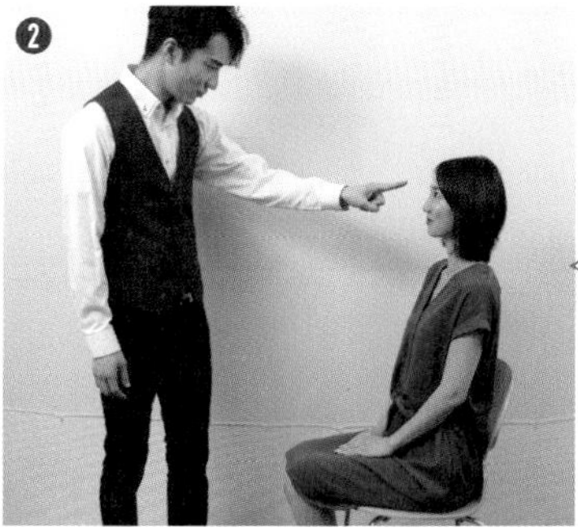

指先をじっと見つめていると……

人差し指を見つめてもらいます。ゆっくりと顔に近付けていき、おでこに軽く触れます。強く押し当てる必要はありません。

❸

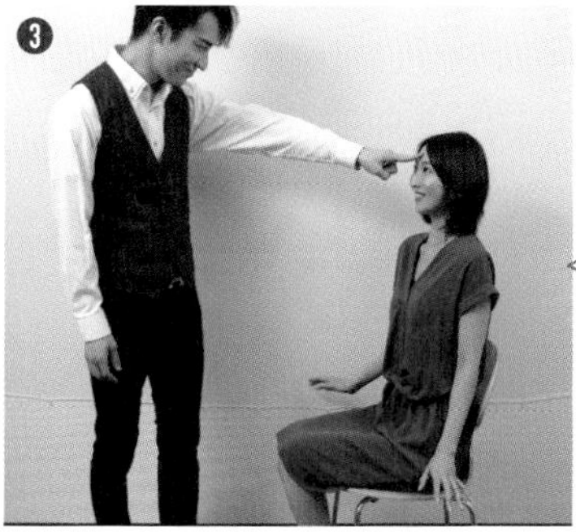

もう立てなくなってしまいます！

観客は、上半身を傾けることができず、椅子から立ち上がれなくなってしまいます。

❹

指を離せばもう大丈夫

おでこから指を離し、椅子から立ってもらいます。

❗マジックのコツ　他にもある人体の不思議。

指先をじっと見つめてもらい、おでこに近付けていくと、観客は必然的に上目づかい（眼球が上を向いている状態）になります。この状態で瞼《まぶた》を閉じてもらい、そのままもう一度開いてもらうように言いますが、観客は瞼を開けることはできません。これも人間の身体の構造によるものです。「さらに目も開けられなくなってしまいます」と、併せて演じると効果的です。

表紙の
消えたトランプの秘密

「プリンセス・カード・トリック」と呼ばれる面白い原理のメンタルマジックです。よく見ると、表紙と裏表紙で絵札の種類が違うことにお気付きでしょう。これがタネの全てです。もちろん本書を使ってもできますが、本物のトランプを使って演じる時は次のようにします。

Set up ～準備～

一組から絵札だけを抜き出し、二つのグループを作ります。Bグループはズボンの後ろの左のポケットに入れておきます。

Aグループ

Bグループ

Try ～実践～

この中から直感で1枚だけ心の中で選んでください

❶

「Aグループ」の束を広げて観客に見せます。あまり長く見せずに、**パッと2～3秒だけ見せてすぐ伏せる**ようにします。

そのカードを忘れないように……あなたの選んだカードを、指先の感覚で抜き出してポケットにしまいます

❷

束を揃えて身体の後ろに持っていきます。後ろ手でカードを抜き取っているフリをして、束を右ポケットにしまい、左ポケットから「Bグループ」の束を取り出します。

❸

あなたが選んだカードは何でしたか？

「Bグループ」の束を前に出し、観客に選んだカードの名前を聞きます。

❹

あなたの選んだカードだけが消えてしまいました！

束を広げて見せ、そこに観客のカードがないことを示します。

第2章

トランプ、コイン、お札のマジック

Card, Coin, Bill Magic

Magic No. 013

カードが指にくっついてせり上がる！

ライジング・カード

少し練習　クロースアップ　カード　テクニック

Effect ～こんなマジック～

どれでも1枚カードを選んでください

❶ カードを選んで覚えてもらったら、中に戻して混ぜます。

トランプに指をあてると……

❷ トランプに人差し指をあてます。

1枚カードがくっついて出てきました！

❸ 人差し指を上に動かすと、カードが1枚くっついて出てきます。

準備不要ですぐに演じられる！

トランプの束に指をあてると、1枚のカードがくっついてせり上がってきます。糸や磁石などは使っていないので、一組のトランプさえあればOK。やり方を覚えておけばいつでもどこでも演じることができます。

これがあなたの選んだカードですね！
Applause!

❹ そのカードは観客の選んだカードです。

Secret ～タネあかし～

※説明のため、選ばれたカードを赤裏にしています。

1

観客の選んだカードを**ボトムコントロール**（94ページ参照）します。

小指の力加減に注意！

小指を強く押し当て過ぎると、摩擦で他のカードも一緒に上がってきてしまう場合があります。カードには適度な力で触れるようにしましょう。また指が乾燥しているとすべって上がりづらいので、保湿にも気を配りましょう。

2

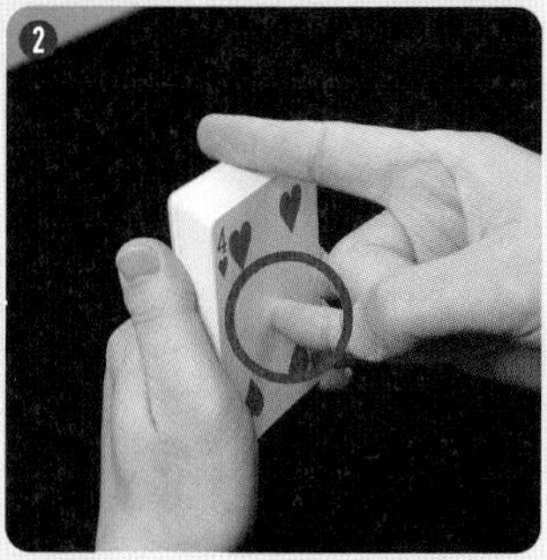

人差し指をトランプの上部にあてる時に、トランプの陰で密かに小指を伸ばしてボトムカードに押し当てます。

3

人差し指を上に動かしながら、押し当てた小指でボトムカードをせり上げます。観客からは人差し指にくっついて出てきたように見えます。

♣ Item ♠ トランプ

Try ～実践～

※説明のため、選ばれたカードを赤裏にしています。

1

一組のトランプを使います

トランプを広げてよく混ざっていることを示します。（観客に渡して切らせてもOK）

2

どれでも1枚カードを選んでください

カードを1枚引いて覚えてもらいます。

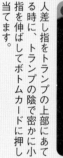

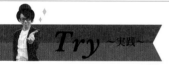

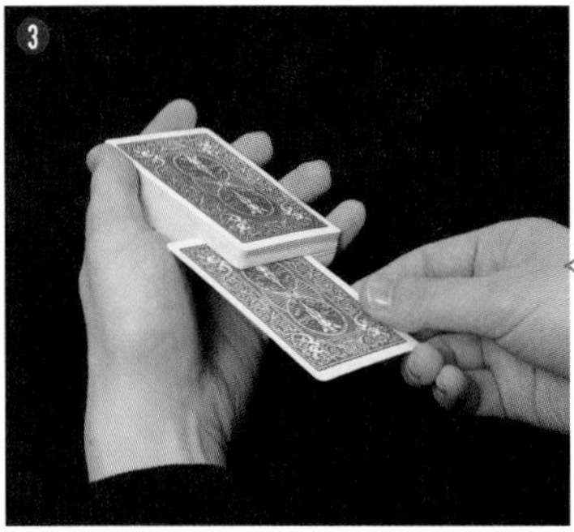

マークと数字を忘れないように。
ではカードを返してください

カードを裏向きで返してもらい、**ボトムコントロール**（94ページ参照）します。観客からはただトランプを混ぜただけのように見えます。

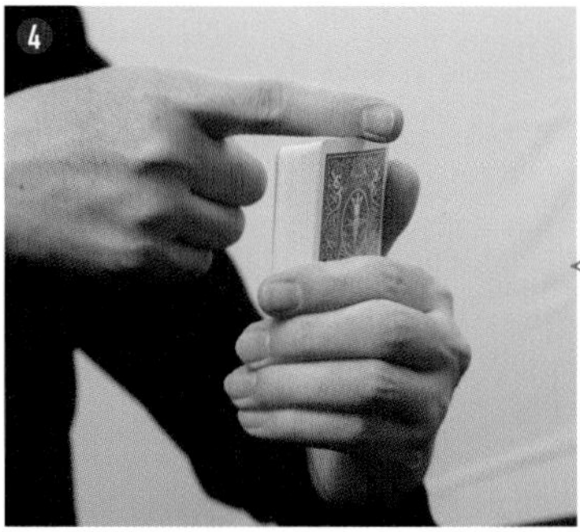

人差し指にご注目

トランプを立てて左手で持ち、上部に右手の人差し指を伸ばしてあてます。観客にボトムカードの表面が見えないように注意しましょう。

上に動かすと……
おや、おかしいですね

人差し指を上に動かしますが、一回目は何もしません。

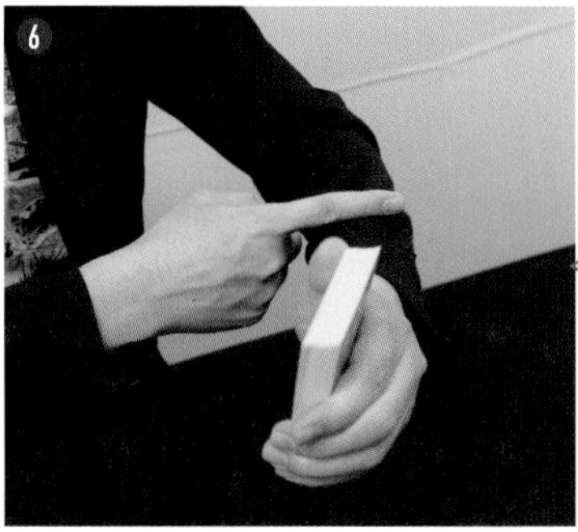

おまじないをかけるのを
忘れていました

人差し指を袖でこすります。

それではもう一度……

❹と同様に、トランプ上部に右手の人差し指を伸ばしてあてます。この時、トランプの陰で密かに小指を伸ばしてボトムカードに押し当てます。

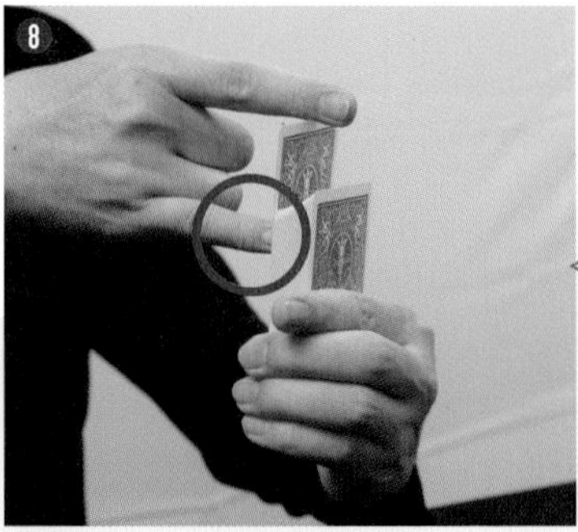

1枚カードがくっついて
出てきました！

人差し指を上に動かしながら、押し当てた小指でボトムカードをせり上げます。観客からは人差し指にくっついて出てきたように見えます。

9

人差し指には
何もありません

半分くらいまでせり上げたら、カードは左手で押さえて持ち、右手は伸ばしている小指を戻してカードから離します。

10

このカードが
もしかして……

カードを右手で抜き取ります。

⓫

あなたが選んだカードは
何でしたか？

抜き取ったカードをトランプの中央辺りに入れ直し、観客に選んだカードが何だったか尋ねます。

⓬

これがあなたの選んだ
カードですね！

トランプをひっくり返して広げ、突き出ているカードを見せます。

❗マジックのコツ　カードは中央付近から上がってきたように見せる！

このマジックで一番重要なのは、**カードがトランプの中央付近から上がってきたように見えること**です。そのためには、観客からトランプの上部がはっきりと見えないよう、観客の目線辺りの高さでトランプを持つようにします。トランプ自体をやや斜めにするのもいいでしょう。また、カードを一旦抜き出して入れ直すのもそのためで、最後に真ん中に突き出た状態で広げて見せることで、そこから上がってきたという印象を与えられます。

Magic No. 014

選ばれたカードがハンカチを貫通！

ハンカチを通り抜けるカード

少し練習　クロースアップ　カード　テクニック

Effect ~こんなマジック~

どれでも1枚カードを選んでください

カードを選んで覚えてもらったら、中に戻して混ぜます。

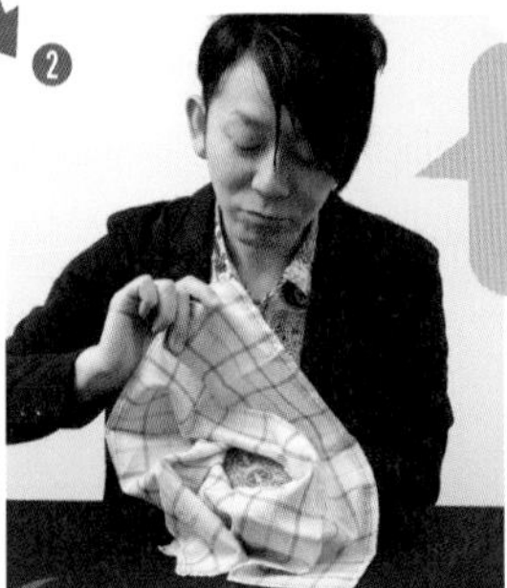

トランプをハンカチで包みます

トランプをハンカチで包みます。

こうして振ると……

ハンカチを持って振ると、カードが1枚だけすり抜けて出てきます。

借りたハンカチで演じれば不思議さ倍増！

ハンカチでしっかりと包まれたトランプの束から、1枚のカードがゆっくりと通り抜けて出てくる様子はさながらCGのよう。使用するハンカチはごく普通のハンカチなので、その場で観客から借りて行うこともできます。少し離れた所から見ても分かりやすい、非常に視覚的効果の高いカードマジックです。

これがあなたの選んだカードですね！
Applause!

そのカードは観客の選んだカードです。

Secret ～タネあかし～

※説明のため、透明なハンカチを使い、選ばれたカードを赤裏にしています。

1 観客の選んだカードを**ボトムコントロール**（94ページ参照）します。

外側にあるカードが見えないように！

ハンカチでトランプを包む時に、観客からは一組全体を包んでいるように見えなくてはいけません。外側にある観客のカードが見えてしまわないよう、充分に注意して包みましょう。

2 ハンカチで包む時に、観客のカードだけがハンカチの外側にある状態にします。

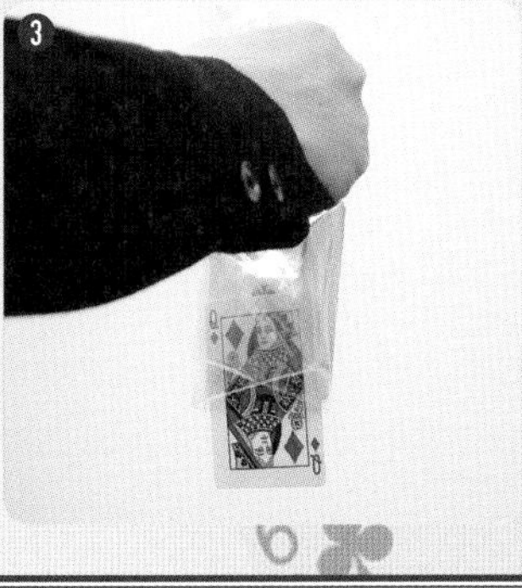

3 ハンカチを振ると、外側にあるカードがゆっくりと落ちてきます。観客からはハンカチをすり抜けて出てきたように見えます。

♣ Item ♠ トランプ、ハンカチ（透けないもの）

Try ～実践～

※説明のため、透明なハンカチを使い、選ばれたカードを赤裏にしています。

1 一組のトランプを使います

トランプを広げてよく混ざっていることを示します。（観客に渡して切らせてもOK）

2 どれでも1枚カードを選んでください

カードを1枚引いて覚えてもらいます。

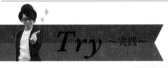

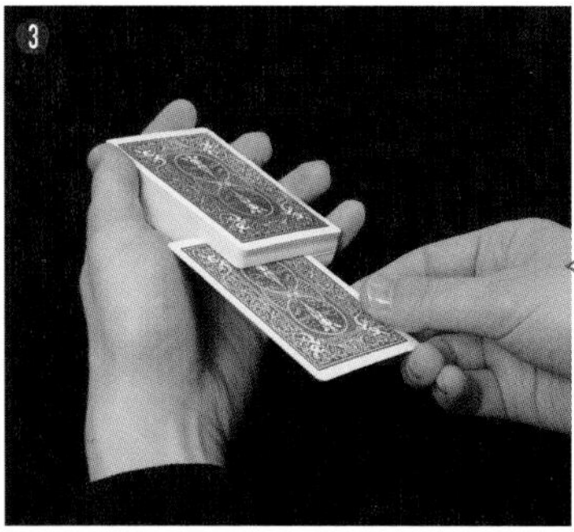

マークと数字を忘れないように。
ではカードを返してください

カードを裏向きで返してもらい、**ボトムコントロール**（94ページ参照）します。観客からはただトランプを混ぜただけのように見えます。

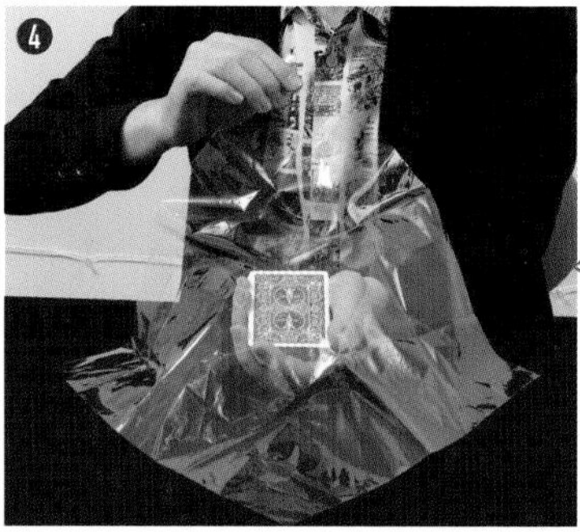

トランプを
ハンカチで包みます

ハンカチを取り出してトランプにかけます。この時、ハンカチはトランプに対して対角になるようにかけます。

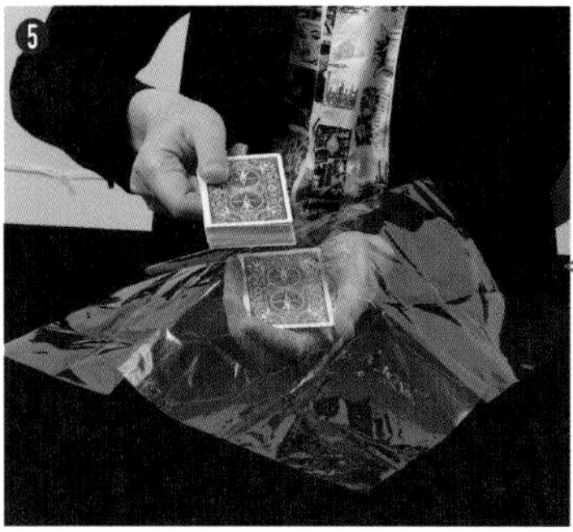

……トランプが隠れて
いると怪しいですよね

ボトムカードだけを左手に残してトランプを抜き出し、ハンカチの上に置きます。

見える状態で
包んでいきしょう

ハンカチでトランプを包みます。この時、まず手前の端を向こう側にかけます。

しっかりと
包んでしまいます

続けて両端をたたみ、巻き付けるようにして包んでいきます。こうすると、選ばれたカードだけがハンカチの外側にある状態になります。

これでもうトランプに
触れることはできません

選ばれたカードが手前に来るようにしてハンカチの上部を持ちます。

❾

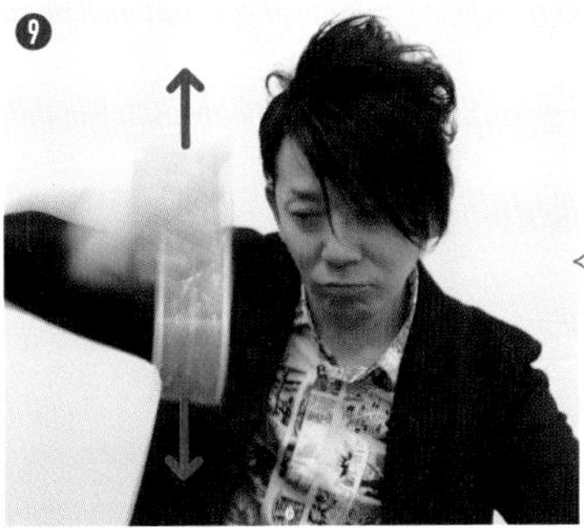

こうして振ると……

縦方向に揺らすように何度か振ります。

❿

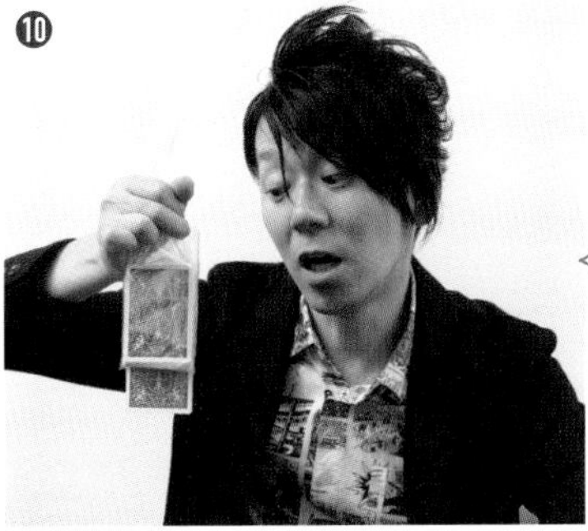

……おや、
何か出てきましたよ

選ばれたカードが振動で少しずつ落ちてきます。半分くらい出てきたら振るのを止めます。

⓫

これがあなたの
選んだカードですね！

観客に選んだカードが何だったか尋ねてから、カードを抜き取って表面を見せます。

⓬

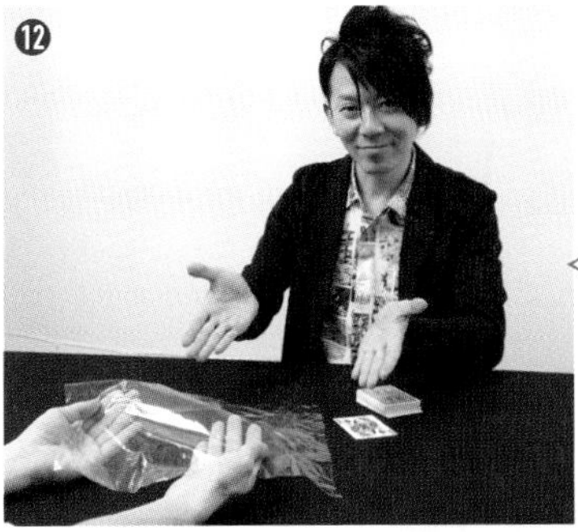

もちろんハンカチには
穴などありません

ハンカチを広げて観客に調べてもらいます。

❗マジックのコツ　ハンカチの包み方にも注意！

ハンカチでトランプを包む時は、カード1枚分が通る隙間をしっかりと確保して包むようにしましょう。また包む力加減も重要です。ゆる過ぎるとカードが押さえられずすぐに落ちてきてしまいますし、きつ過ぎると逆にいくら振ってもカードが落ちてきません。振った時にカードが少しずつゆっくりと落ちてくるのがベストです。何度か試して適度な包み方を見つけてください。

Magic No. 015

どこで止めても必ず的中

封筒の中の予言

超簡単　クロースアップ　カード　メンタル

Effect ～こんなマジック～

予言の入った封筒
があります

封筒を取り出し、テーブルに置いておきます。

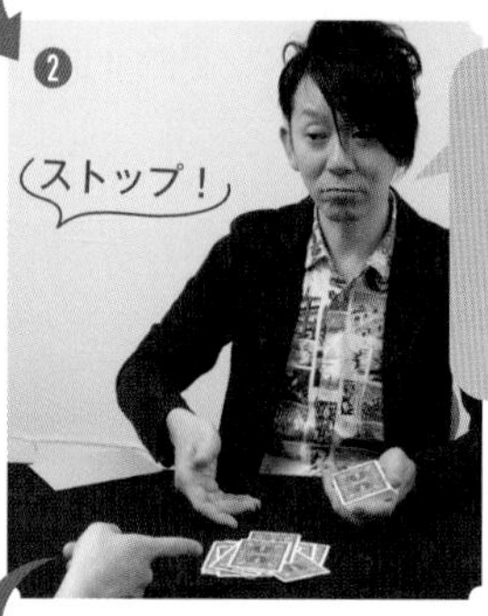

ストップ！
カードを配って
いきますので、
好きな所で「ス
トップ」と言っ
てください

カードを1枚ずつ配っていきます。

ここでいい
ですか？

配られた山の上に封筒を置きます。

大胆かつ巧妙なメソッド！

観客は全く自由に「ストップ」と言ったにもかかわらず、そのカードがズバリ予言されている……どこでカードが止められるか、マジシャンは本当に知っていたのでしょうか？　いいえ、実は非常にシンプルな解決法でこの予言は成立しています。その大胆かつ巧妙な方法とは一体……？

ズバリ
予言的中！
の3
Applause!

封筒の中のメモを取り出すと、予言が当たっています。

Secret ～タネあかし～

※説明のため、透明な封筒を使っています。

❶

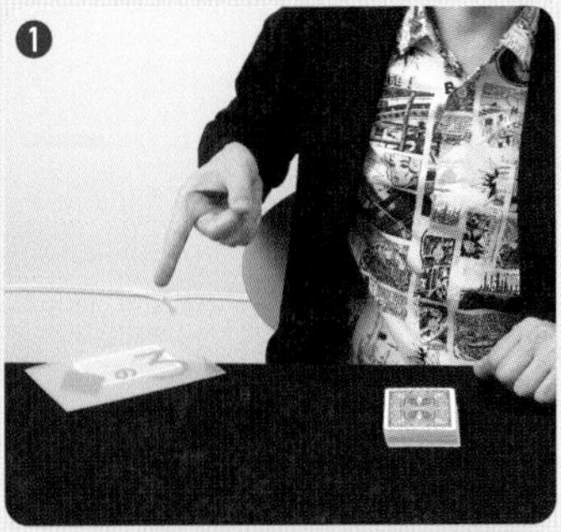

封筒の下に1枚カードが隠されています。

封筒を置いておく場所に注意！

封筒とカードは、テーブルの端に、少しはみ出るようにして置いておきます。このようにしておくと、封筒とカードをスムーズに一緒に取り上げることができます。カードがズレて見えないように注意しましょう。

❷

「ストップ」と言われたら、配られたカードの上に、封筒とカードを重ねて一緒に置いてしまいます。

❸

封筒だけを取り上げるとカードが残り、観客にはこれがストップをかけたカードのように見えます。

♣ Item ♠ トランプ、紙、ペン、封筒

Set up ～準備～

1

一組から1枚カードを抜き出し、そのカードのマークと数字を紙に書きます。

2

その紙を封筒に入れ、口を閉じます。

3

カードは封筒の下に重なるようにして隠しておきます。

Try ～実践～

※説明のため、透明な封筒を使っています。

❶

予言の入った
封筒があります

封筒とカードを重ねて取り出し、テーブルの端に置いておきます。

❷

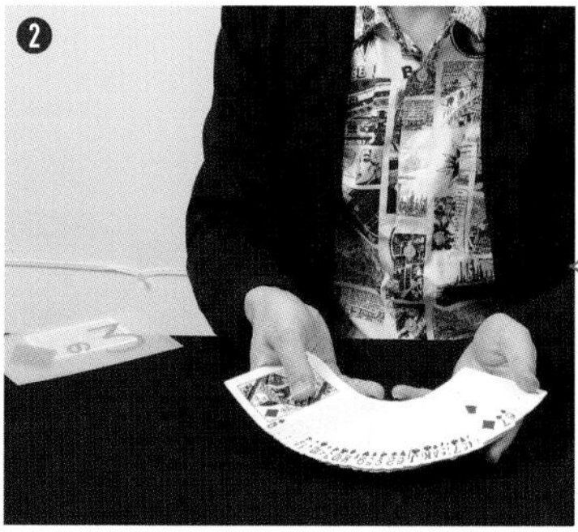

一組のトランプを
使います

トランプを広げてよく混ざっていることを示します。（観客に渡して切らせてもOK）

❸

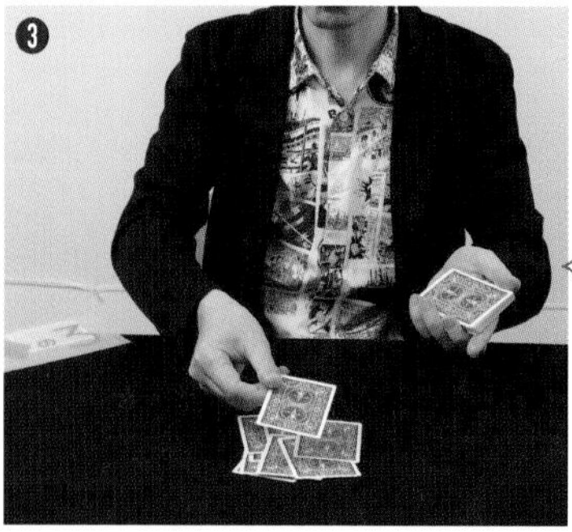

1枚ずつ配っていくので
好きなところで「ストップ」
と言ってください

カードを1枚ずつ配っていきます。**きれいに揃えて配るのではなく、若干ズラして配るようにします**。

❹

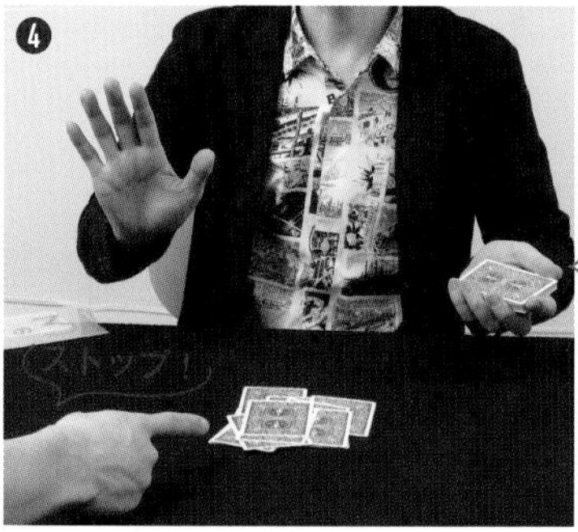

ここでいいですか？

ストップをかけられた所で配るのを止めます。

❺

封筒を
置いておきましょう

封筒を取り上げ、配られた山の上に置きます。隠してあるカードが見えないように注意しましょう。

❻

あなたがストップをかけた
カードはダイヤの3でした

封筒を取り上げ、配られた山の一番上のカードをめくって見せます。

❼

予言をお見せしましょう

封筒を開いて中から紙を取り出します。

➡

❽

ズバリ予言的中！

紙を見せ、予言が当たったことを示します。

❗マジックのコツ 封筒の扱いはさり気なく。

予言の封筒を置く時は、できるだけさり気なく置くようにします。封筒を置いた後は、「全く自由に好きな所で止めましたね？」などと問いかけ、少し間をおくようにしましょう。慣れてきたら、取り上げた封筒は手から離さず、カードだけを落とすようにするとより自然に見えます。また、トランプは観客に渡して配らせても構いません。その時は「好きな所で配るのを止めてください」「これ以上カードが置けないように封筒を置いてしまいましょう」などと言いながら封筒を置くようにします。焦る必要はありません。ゆっくり堂々と演じましょう。

ビリーとバッジの Magic column

トランプについて①

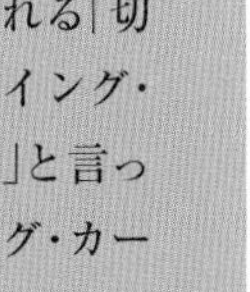

トランプの起源はエジプト、インドなど諸説ありますが、13世紀に中国からイスラム圏に渡ってできた「マムルーク・カード」だという説が濃厚です。その後ヨーロッパに広まり、日本には16世紀にポルトガルから「カルタ」として伝来し、「歌留多《かるた》」などの当て字で呼ばれました。

なお、本来は「プレイング・カード」といい、「トランプ」はゲームで使われる「切り札」の意味です。明治時代、プレイング・カードで遊びながら「トランプ《切り札》！」と言っている外国人をみて、「プレイング・カード＝トランプ」と思い込み、こう呼ばれるようになったといわれています。

Magic No. 016

52枚のカードが完璧に分離

赤と黒のインスピレーション

少し練習　クロースアップ　カード　セルフワーキング

Effect ～こんなマジック～

❶
カードを1枚ずつ出していきますので、直感で赤か黒か言ってください
赤！

カードをどんどん出していき、言われた通りに置いていきます。

❷
この辺で色を替えましょう

途中で赤と黒の場所を入れ替えます。

❸
全てのカードはあなたの思った通りに置かれました……それでは見てみましょう

二つの山をひっくり返してみると……

20世紀最高のカードマジック！

1942年に発表された、原題「アウト・オブ・ディス・ワールド」というマジックです。マジックの神様と呼ばれたダイ・バーノンが「20世紀唯一の傑作」と絶賛したカードマジックです。時代《とき》を超えて今なお色褪《あ》せない、極上の不思議をマスターしましょう。

❹
なんと全て赤と黒に分かれています！
Applause!

全てのカードが赤と黒に分かれています。

Secret ～タネあかし～

※説明のため、赤のカードを赤裏、黒のカードを黒裏にしています。

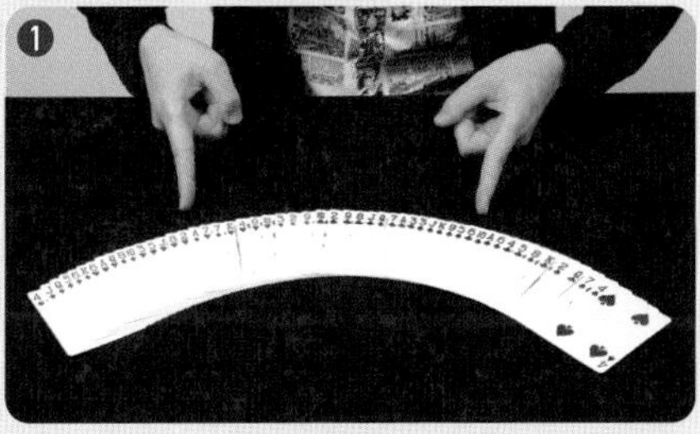

52枚のカードを、あらかじめ赤と黒に分けておきます。

セットした順番を忘れないよう注意！

二つの山は、表向きのエースと色が合っている方と、合っていない方との2種類があります。どちらがどちらか間違えてしまわないように、セットしたトランプの赤と黒の順をしっかりと把握しておきましょう。

観客は自由に振り分けていきますが、実際には写真のような状態になっています。

片方の山は全体をまとめて、もう片方の山は1枚を残してひっくり返すことで、全てのカードの色が完璧に分かれたように見えます。

Item トランプ

Set up ～準備～ 52枚のカードを、あらかじめ赤と黒に分けておきます。（赤と黒の順を忘れないように）

Try ～実践～

※説明のため、赤のカードを赤裏、黒のカードを黒裏にしています。

一組のトランプを使います

トランプをケースから裏向きで取り出します。セットが崩れないよう、上半分だけ（やや少なめに）を**ヒンズーシャッフル**（93ページ参照）します。

4枚のエースを使います

表面が観客に見えないよう自分に向けて広げ、4枚のA（エース）を抜き出します。

裏向きでカードが赤か黒か
分かるでしょうか？

一組を揃えて裏向きに持ち直します。

カードを1枚ずつ出して
いきますので、直感で
赤か黒か言ってください。

テーブルにハートのエースとスペードのエースを表向きに置きます。

まず1枚目……

カードを1枚取り上げ、観客が言った色の方に置きます。

……ではこれは？……
これは？……

続けてカードをどんどん出していき、言われた通りに置いていきます。この時、**出したカードの枚数を心の中で数え、24枚目で一旦止めます**。

この辺で色を
替えましょう

ハート（赤）の山の方にクラブ（黒）のエース、スペード（黒）の山の方にダイヤ（赤）のエースを、それぞれ表向きで置きます。

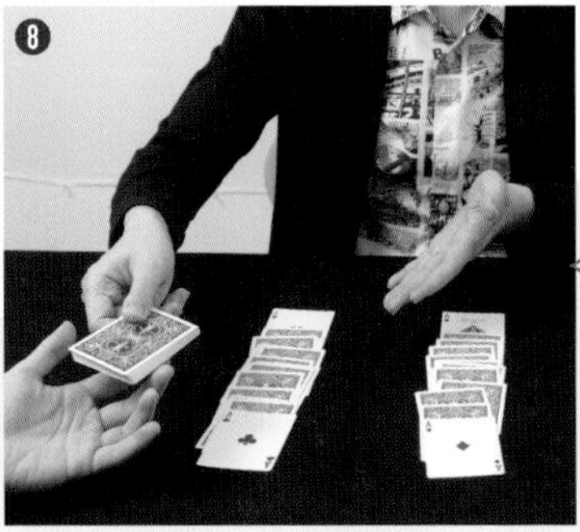

ここからはあなたに
やってもらいましょう

残りの束を渡し、観客自身にカードを置いていってもらいます。

全てのカードはあなたの
思った通りに置かれました。
それでは見てみましょう

テーブル上の二つの山を示します。

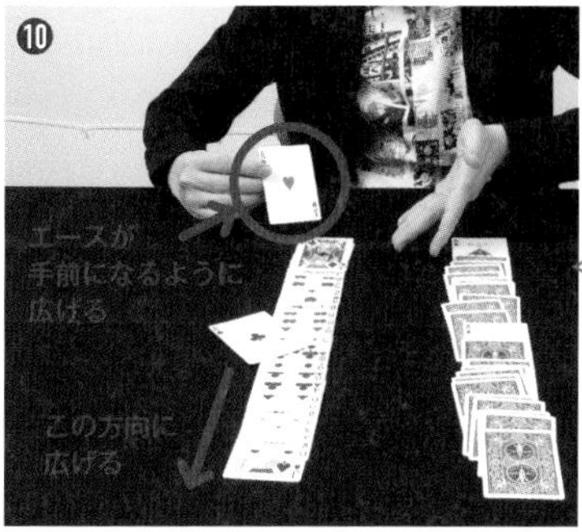
エースが
手前になるように
広げる
この方向に
広げる

こちらの山をひっくり返すと
なんと全て赤と黒に
分かれています！

まず**表向きのエースと色が合っている方の山**を、全体をまとめてひっくり返して広げ、裏向きになったエースを表向きにします。

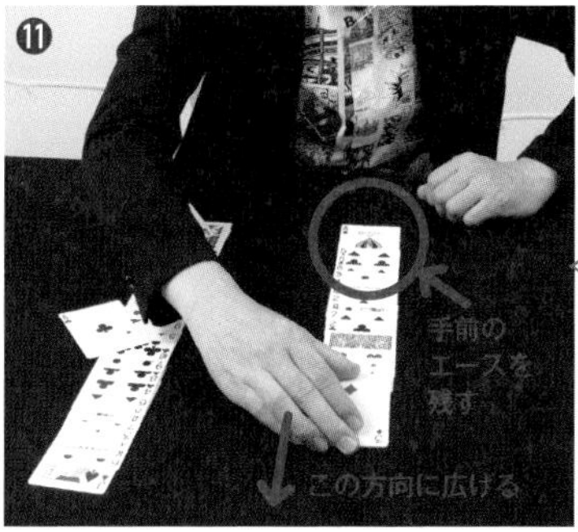
手前の
エースを
残す
この方向に広げる

さらにこちらの山も……

もう一方の山は、**手前のエース1枚を残して**まとめ、ひっくり返して広げます。

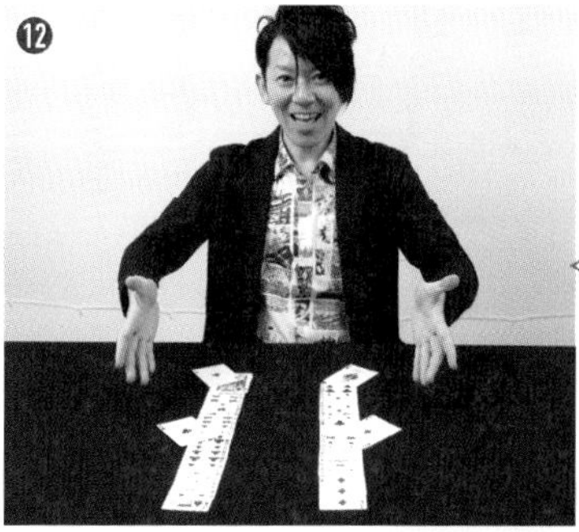

見事、
赤と黒に分かれています！

ひっくり返して裏向きになったエースを表向きにし、全てのカードが赤と黒に分かれていることを示します。

!マジックのコツ 二つめの山をひっくり返す動作に注意！

二つめの山をひっくり返す時、1枚を残していることに疑念を抱かせないようにすることが重要です。そのためには、赤と黒に分かれた最初の山を見て驚いている観客に、「凄い直感ですね！　どうして分かったんですか!?」などと問いかけることで、注意をそらすことができます。最後に、広げた二つの山のエースの位置が同じになるよう、それぞれの山をまとめて広げる方向に注意しましょう。

Magic No. 017

4枚のA（エース）が華麗に出現

エース・オープナー

簡単　クロースアップ　カード　セルフワーキング

Effect ～こんなマジック～

❶
このようにカードを配っていきますので、好きな所で「ストップ」と言ってください

トランプを左右二つの山になるように配ります。ストップをかけられた所で配るのを止めます。

❷
同じようにカードを配ってください

片方の山を観客に渡して、同じように配ってもらいます。

❸
一番上のカードを見てみましょう

四つの山の一番上のカードをめくると……

全ては観客が行ったにもかかわらず……!?

「ストップ」と言われた場所のトランプを四つの山に配ると、一番上に4枚のA（エース）が勢揃い！　観客自身がストップをかけ、観客自身が配ったはずですが……マジシャンではなく観客の力によって不思議がおこるという演出の、シンプルで強烈なカードマジックです。

❹
なんとエースが揃ってしまいました！
Applause!

全てA（エース）になっています。

Secret ～タネあかし～

※説明のため、4枚のエースを赤裏にしています。

1 一組の一番上にあらかじめ4枚のエースをセットしておきます。

指示は的確に！

このマジックでは観客にカードを配ってもらいます。間違った配り方をされてしまうとマジックは失敗してしまいますので、トランプを渡す時はしっかりと指示を出し、正しく行っているかどうか、観客の動きにも気を配りましょう。

2 1枚ずつカードを配って二つの山を作ります。今エースはそれぞれの山の一番下に2枚ずつあります。

3 これらの山をもう一度同じように配ることで、四つの山の一番上のカードは全てエースになります。

♣ Item ♠ トランプ

Set up ～準備～

※説明のため、4枚のエースを赤裏にしています。

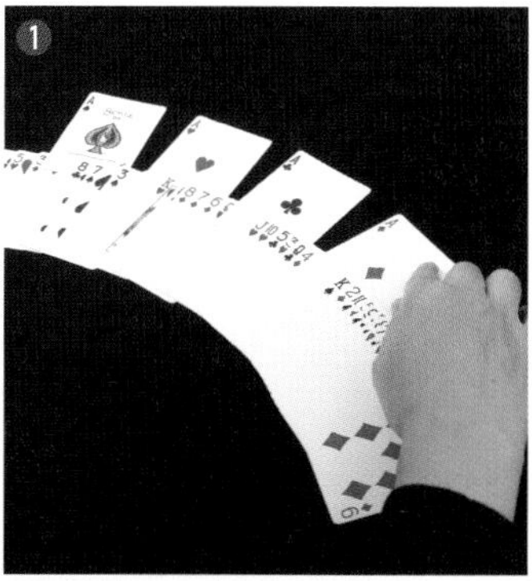

1 一組から4枚のエースを抜き出します。

2 4枚のエースを一組の一番上にセットしておきます。

3 この状態でケースに入れておきます。

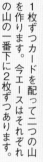

Try 〜実践〜

※説明のため、4枚のエースを赤裏にしています。

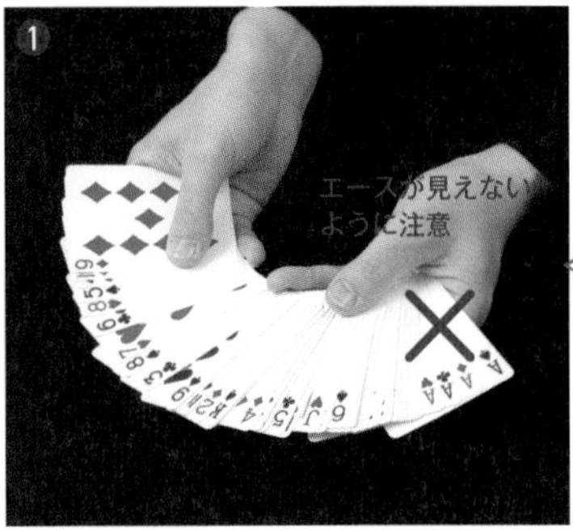

一組のトランプを使います

セットした4枚のエースが見えないように注意して、トランプを広げて示します。（表向きで上半分を**ヒンズーシャッフル**してもOK）

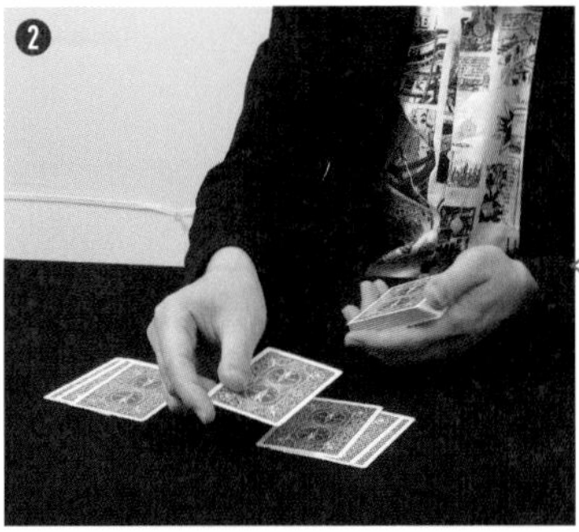

このようにカードを
配っていきますので……

カードを1枚ずつ左右交互に配っていきます。この時、**話し終えてから配り始めるのではなく、話しながら10枚以上配ってしまいます**。

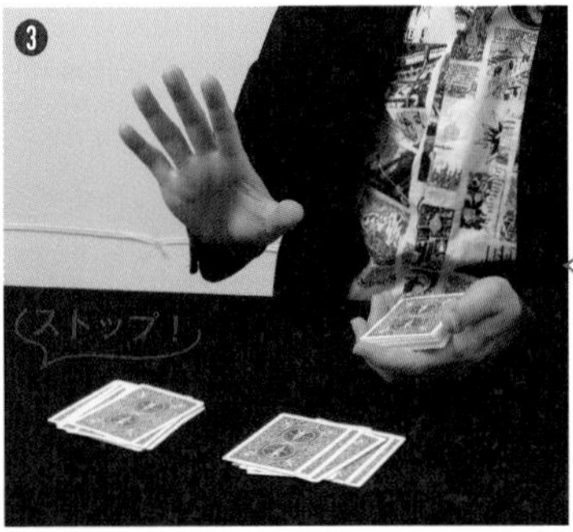

……好きな所で
「ストップ」と言ってください

続けてどんどんカードを配っていき、ストップをかけられた所で配るのを止めます。

ここでいいですね？
では好きな方の山を
選んでください

観客に好きな方の山を選んでもらいます。そちらを渡して、もう片方は自分で持ちます。

では、さっきと同じように
カードを配ってください。

お互いにトランプを持って、❷と同じように二つの山に分けて配っていきます。観客が同じようにやっているかどうか注意して見ながら配ります。

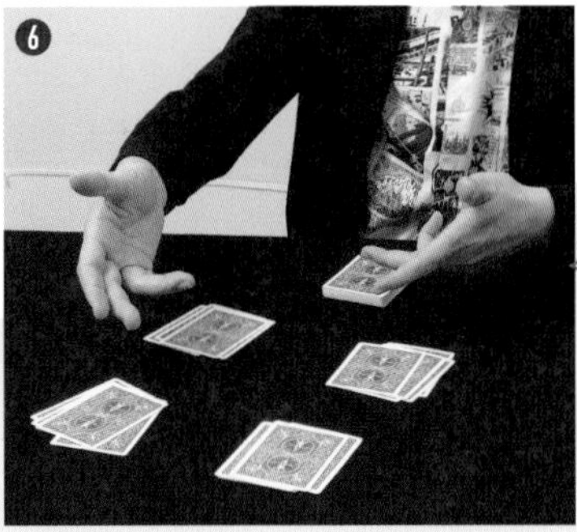

あなたがストップをかけた
トランプで四つの山ができました

お互いカードを全て配り終わったら、**「あなたがストップをかけましたね」「あなたが配りましたね」ということを強調して伝えます**。

❼

では一番上のカードを見てみましょう

四つの山の一番上のカードをめくっていきます。

❽

なんとエースが揃ってしまいました！

全てエースであることを見せます。

!マジックのコツ バリエーションはいろいろ。

特殊なテクニックを使わず、手続き通りにやれば必ずできるマジックを「セルフワーキング・トリック」といいます。このマジックも最初にセットさえしておけば、あとは難しい操作をすることなくほぼ自動的に行えますので、その分セリフやプレゼンテーションに凝ってみるといいでしょう。例えば、4枚のカードをエースではなく観客にとって何か意味のある数字にしてみたり、「だ」「い」「す」「き」と書いたシールを貼ってそれを出現させてみたり……アイデア次第でいろいろな演出が可能です。いろいろと考えてみましょう。

ビリーとバッジの Magic column

トランプについて②

トランプには赤と黒があり、これは昼と夜を表しています。4種類のマークは四季を表し、クラブが春、ダイヤが夏、ハートが秋、スペードが冬となっています。数字が1～13（A《エース》～K《キング》）なのは一つの季節が13週あるからで、一組が52枚なのは一年が52週だからです。さらに、52枚全ての数字を足すと「364」になり、これにジョーカーを加えると「365」。なんと一年の日数と同じ数になるのです。え？　閏《うるう》年はどうするのかって？　ご安心ください、トランプにはもう一枚エキストラジョーカー（予備のジョーカー）が入っています。

Magic No. 018

音と共にテーブルを通り抜ける！

テーブルを貫通するコイン

少し練習　クロースアップ　コイン　テクニック

Effect ～こんなマジック～

❶

このコインを……

コインを取り出し、テーブルに置きます。

❷

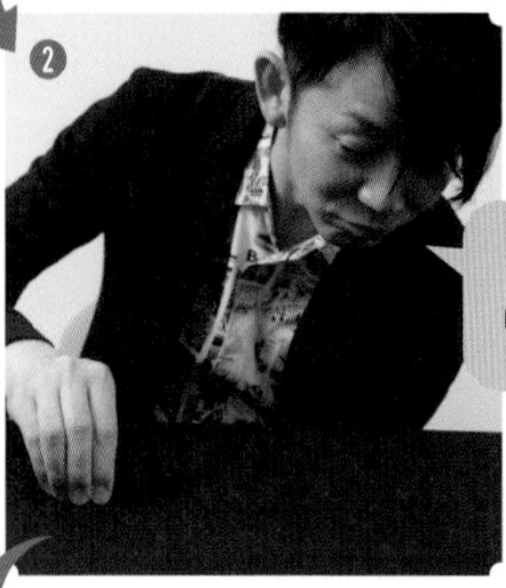
テーブルで叩くと……

コインを取り上げてテーブルで叩くと……

❸

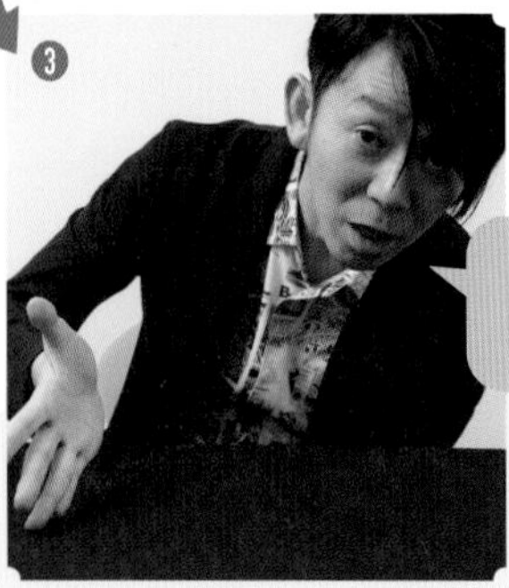
コインが消えてしまいました！

コインが忽然《こつぜん》と消えてしまいます。

手軽にできて効果抜群！

タネも仕掛けもない普通のテーブルで、観客の目の前でコインがテーブルを貫通してしまいます。しかもコインは観客から借りたものでもできるので効果抜群！　いつでもどこでもできるコインマジックです。テクニックをマスターすれば、他の品物でも演じられます。

❹

消えたコインはテーブルを貫通してココに！
Applause!

消えたコインはテーブルの下から出てきます。

Secret ～タネあかし～

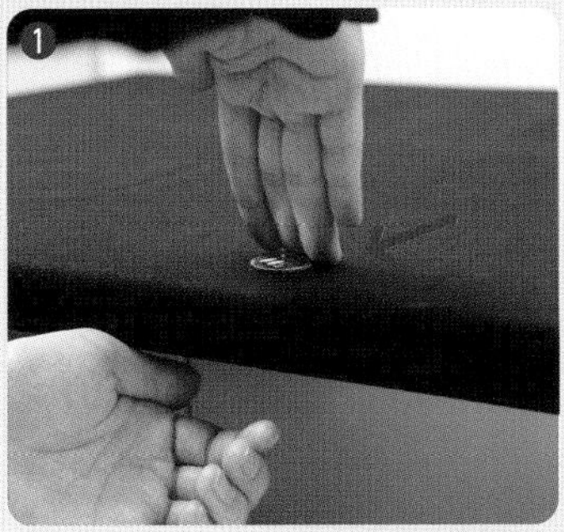

テーブル上のコインを右手で手前に引き寄せます。

テーブルの形状に注意！

テーブルが滑りにくい素材であったり、縁《ふち》があったりすると、コインを上手く引き寄せて落とすことができません。マジックを行う前にしっかりとチェックしておきましょう。

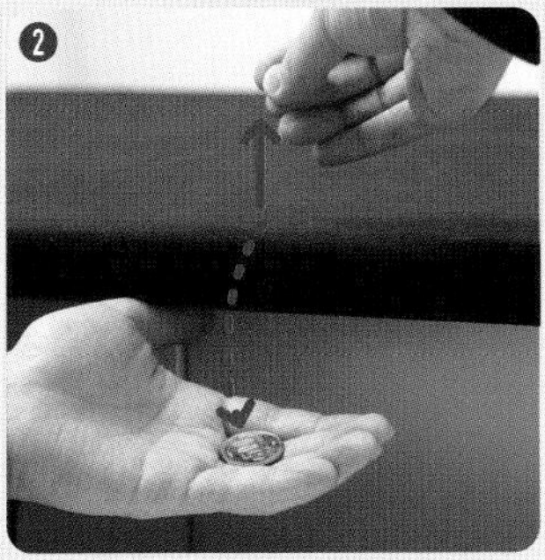

コインを取り上げたように見せて、コインはテーブルの下へ落としてしまいます。落ちたコインは左手で受け止めます。

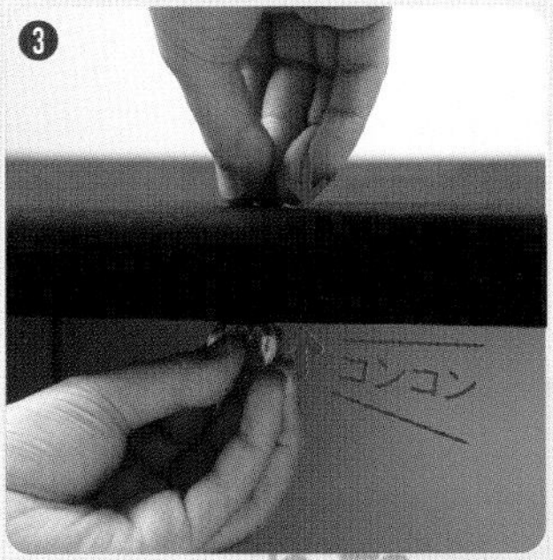

右手はコインを持っているフリをして、テーブルを軽く叩きます。右手の動きに合わせ、テーブルの下で左手のコインで音を出します。

Item コイン

Try ～実践～

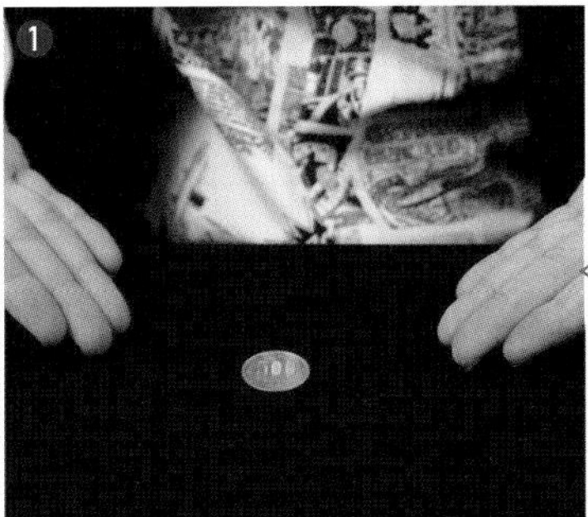

コインがあります

コインを取り出し、テーブルに置きます。この時、**なるべく手前に置くようにします。**（コインは相手から借りてもOK）

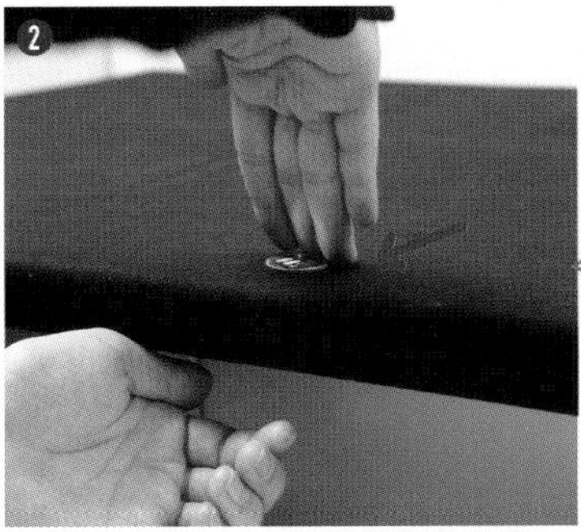

このコインを……

右手でコインを手前に引き寄せ、テーブルから落とします。

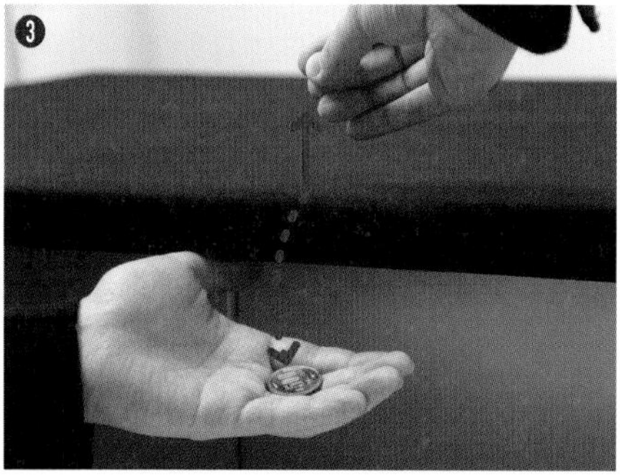

テーブルから落ちたコインは左手で受け止めます。

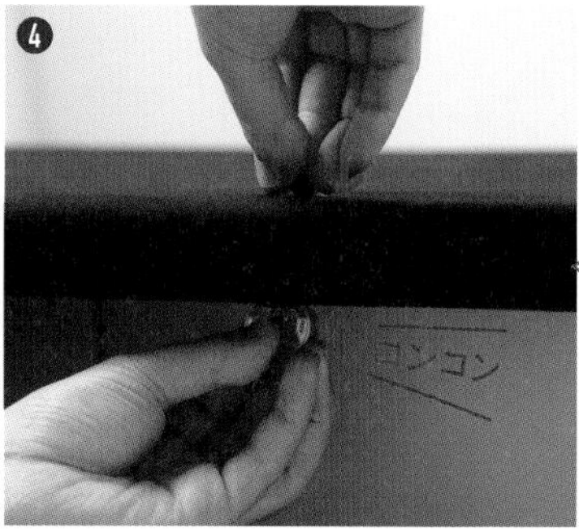

テーブルで叩くと……

右手はコインを持っているフリをして、テーブルを軽く叩きます。**右手の動きに合わせ、テーブルの下で左手のコインで音を出します**。

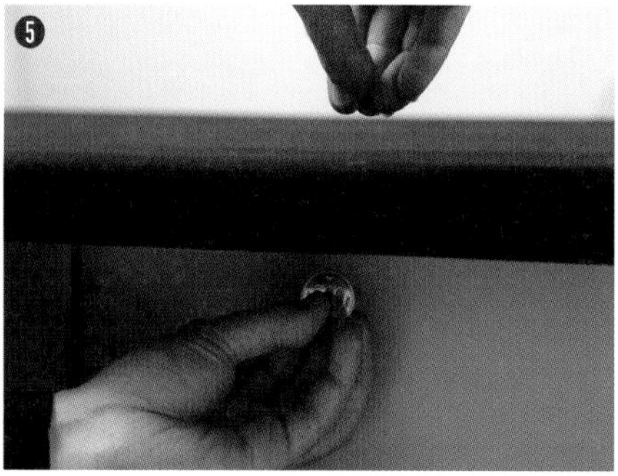

右手をテーブルの奥（観客側）に持っていきます。こうすることで**身体が自然とテーブルにくっつき、左手の動きを隠すことができます**。

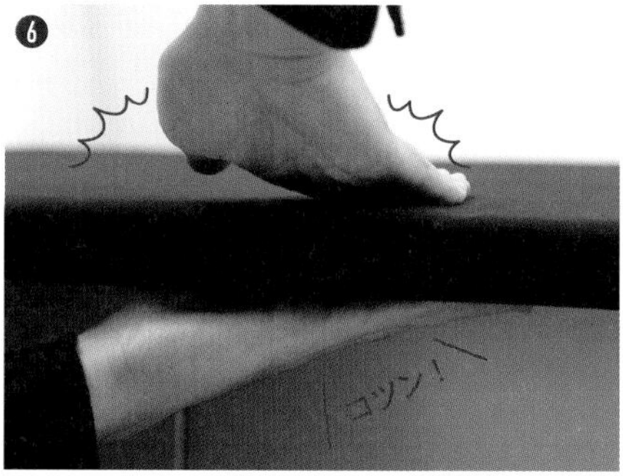

右手を開いてテーブルに押し当てます。この時、同時に左手のコインもテーブルに押し当てて大きな音を立てます。

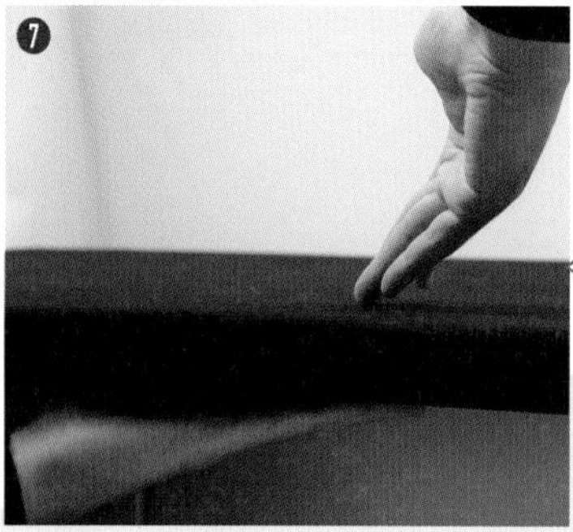

コインが
消えてしまいました！

右手をゆっくりとテーブルから離し、コインが消えたことを示します。

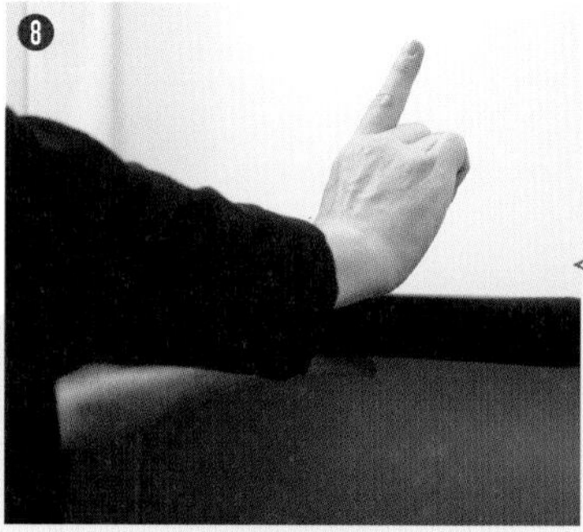

消えたコインは……

テーブルの下に視線を移します。

テーブルを貫通して……

左手でテーブルの下を探るような動きをします。

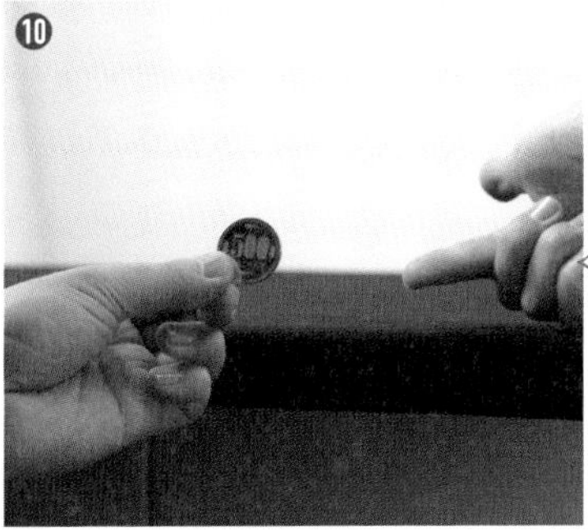

ココに！

左手をテーブルの下から出して、コインがテーブルを貫通したことを示します。

マジックのコツ コインを持っていると思い込むことが重要！

テーブルからコインを取り上げる時、ついつい視線は落としたコインの方へ向けてしまいがちです。本来コインを持っているはずの右手をしっかりと目で追うようにしましょう。もちろん指の形も重要です。「本当にコインを持っている」という意識で、実際にコインを持っている時と同じ指の形をキープしましょう。また、最初の内はテーブルを叩く右手と左手の動きが互い違いになってしまうと思います。何度か練習して、上手くタイミングを合わせられるようにしましょう。

ビリーとバッジの Magic column

トランプについて③

4種類のマークは、ハートは「聖杯」、ダイヤは「貨幣」、クラブは「こん棒」、スペードは「剣」が簡略化されたもので、それぞれ「聖職者」、「商人」、「農民」、「騎士」を表しています。転じて、ハートは「愛情」、ダイヤは「財産」、クラブは「知識」、スペードは「死」を意味しています。ところで、これを踏まえて絵札を見てみると、ちょっと面白いことに気付きます。K（キング）、Q（クイーン）、J（ジャック）、それぞれの年齢や性別によって、マークを見つめる角度（関心の度合い）が違っているのです。どうなっているのかは……実際にカードを見て確かめてみてくださいね。

Magic No. 019

金属が燃えてなくなる!?

燃えるコイン

少し練習　クロースアップ　コイン　テクニック

Effect ～こんなマジック～

❶ コインとメモ用紙を使います

コインとメモ用紙を見せます。

❷ コインをメモ用紙で包みます

メモ用紙を折ってコインを包んでいきます。

❸ メモ用紙に火を点けると……

ライターでメモ用紙に火を点けます。

秘密は折り方にあり！

確かに包まれたはずのコインが、メモ用紙とともに燃えて完全消失！　その秘密はメモ用紙の折り方にあります。観客からはコインは完全に包まれているように見えますが、巧妙な折り方によってコインは密かに抜き取られているのです。カフェやレストランの紙ナプキンなどを使ってもできる、大変効果的なコインマジックです。

❹ コインは燃えてなくなってしまいました！

コインは燃えて灰になってしまいます。

Secret ～タネあかし～

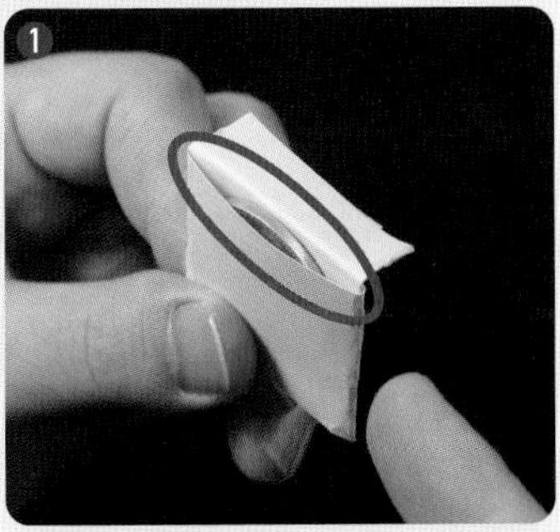

コインをメモ用紙で包みますが、実は一ヶ所口が開いています。

コインの処理は意味のある動作で！

コインを手に落とした後、そのままずっと隠し持っている訳にはいきません。そこで、ライターを取ってくるという理由付けの下《もと》、堂々とポケットに手を入れ、コインを置いてきてしまいます。

メモ用紙を逆さに持ち、口を下にして、コインを手の中に落としてしまいます。

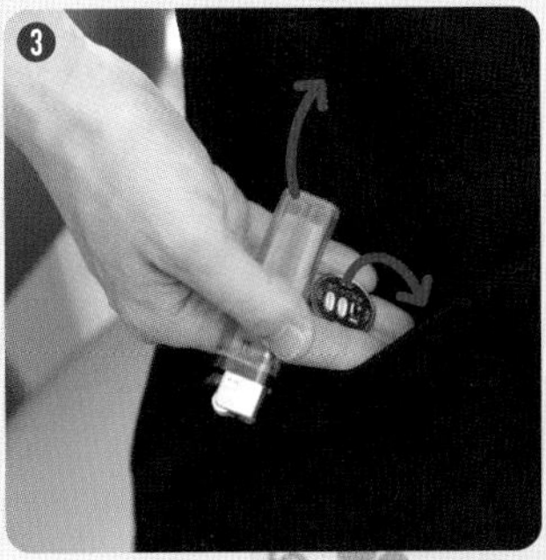

メモ用紙を反対の手に移し、コインを隠し持った手をポケットに入れます。コインをポケットに残してライターを取り出します。

♣ Item ♠ コイン、メモ用紙（約10cm角）、ライター、灰皿

Set up ～準備～ ライターを右のポケットに入れておきます。

Try ～実践～

コインとメモ用紙を使います

コインとメモ用紙を見せます。

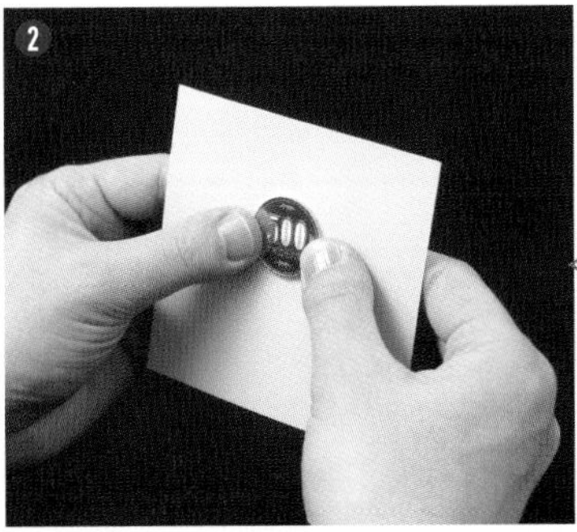

コインをメモ用紙で包みます

コインをメモ用紙の中央やや上側に置きます。

下部分を上に折ります。この時、上部が1cm位残るようにズラして折ります。

両端を向こう側へ折ります。

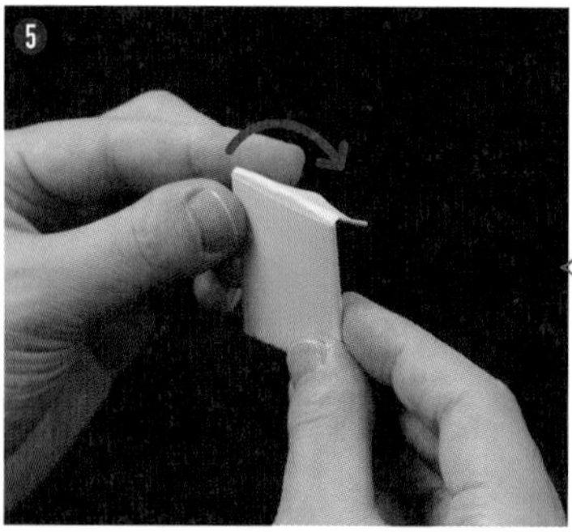

出口を塞《ふさ》いでしまいます

先程余らせておいた1cm部分を向こう側へ折ります。実際には一ヶ所口が開いていますが、観客からはコインを完全に包み込んだように見えます。

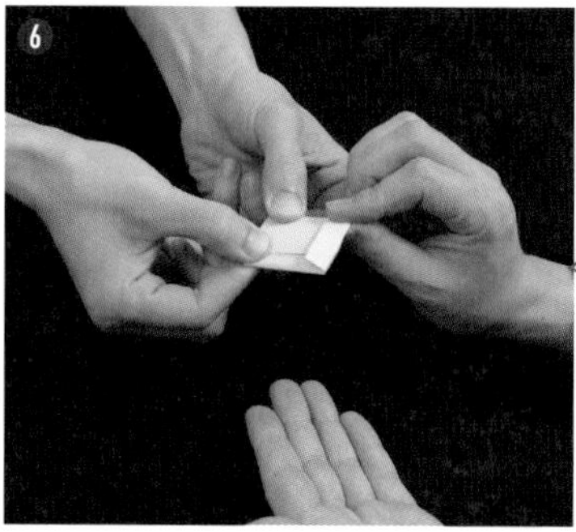

コインが中にあることを確認してください

右手でメモ用紙の上部を持ち、観客に触らせます。

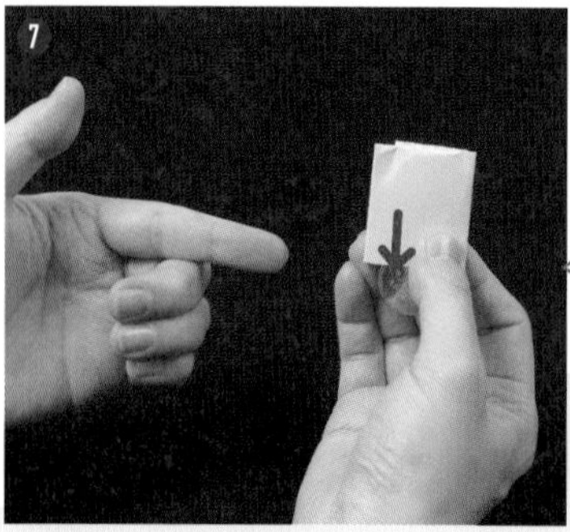

コインは中にありましたね

さり気なくメモ用紙をひっくり返し、コインを手の中に落とします。指はしっかり閉じて、隙間からコインが見えないように注意します。

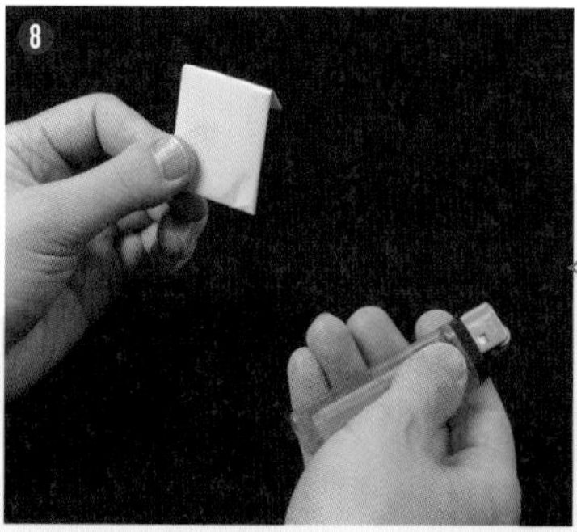

ライターを使います

メモ用紙を左手に移し、右手をポケットに入れ、コインを残してライターを取り出します。観客からは、ただライターを出しただけに見えます。

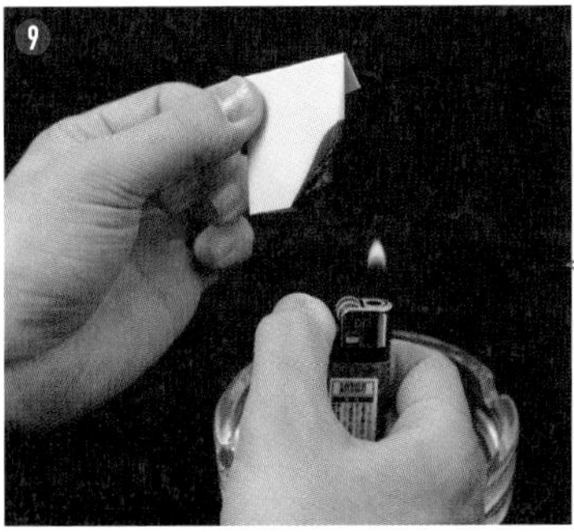

メモ用紙に火を点けると……

ライターでメモ用紙に火を点け、灰皿に置きます。

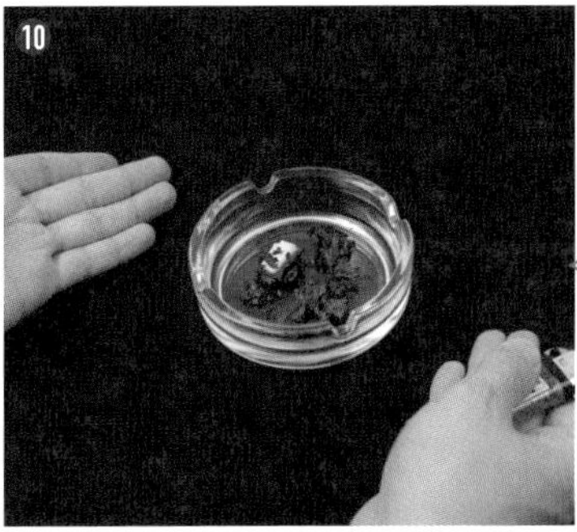

コインは燃えてなくなってしまいました！

コインが燃えてしまったことを示します。

マジックのコツ　ライターの代わりに別のものでもOK！

ライターがない時は、ハサミでメモ用紙を切り刻んでしまいます。さらにハサミもない時には、鉛筆やボールペンを取り出して「この鉛筆でおまじないをかけるとコインが消えてしまいます」と言って、メモ用紙におまじないをかけてからビリビリと破ってしまいます。いずれの場合も、コインを処理するための小道具をポケットに入れておくことが必要です。

ビリーとバッジの Magic column

トランプについて④

絵札には、歴史上の実在の人物や伝説上の人物など、それぞれモデルが存在します。（諸説ありますが一説をご紹介します）
ちなみにジョーカーのモデルは「道化師（ピエロ）」です。

♠K「ダビデ王」古代イスラエル国王
♥K「カール大帝」フランク王国国王
♣K「アレキサンダー大王」マケドニア国王
♦K「ジュリアス・シーザー」古代ローマ帝国皇帝

♠Q「パラス・アテナ」ギリシャ神話の知恵と戦争の女神
♥Q「ユディト」旧約聖書外典「ユディト記」に登場する女戦士
♣Q「アルジーヌ」シャルル7世の妻
♦Q「ラケル」旧約聖書に登場するヤコブの妻

♠J「オジェ・ル・ダノワ」カール大帝の12人の勇士の一人
♥J「ラ・イール」ジャンヌ・ダルクの戦友
♣J「ランスロット」「中世騎士物語」に登場する円卓の騎士の一人
♦J「ヘクトル」ギリシア神話「イーリアス」に登場するトロイの王子

Magic No. 020

どんどんお金が出てくる魔法のハンカチ

コインを産むハンカチ

少し練習 クロースアップ コイン お札 テクニック

Effect ～こんなマジック～

基本にして 最も重要なテクニック

何もないはずのハンカチの中から、次々とコインやお札が現れる、まるで魔法のようなマジックです。このマジックで使われるのは、手の中に密かにものを隠し持つ「フィンガーパーム」という指先のテクニック。一見簡単そうな技法ですが、何も持っていないように見せるためにはある程度の慣れが必要です。

❶

ハンカチが
1枚あります

ハンカチを広げて見せます。

❷

ハンカチを手に
かけると……
500円玉が出て
きました！

ハンカチの中から500円玉が現れます。

❸

もう1枚出て
きました！

反対の手からもう1枚500円玉が現れます。

❹

最後はなんと
千円札が！
Applause!

さらに千円札が現れます。

Secret ～タネあかし～

※説明のため、透明なハンカチを使っています。

手の中に５００円玉をあらかじめ隠し持っておきます。

リラックスした手の形を心掛ける！

パームしている手に力が入っていると、たとえ500円玉は見えていなくても、観客には何かを隠し持っていることが伝わってしまいます。500円玉は、指の間に軽くはさむようにして持ち、握りこぶしにならないように注意しましょう。

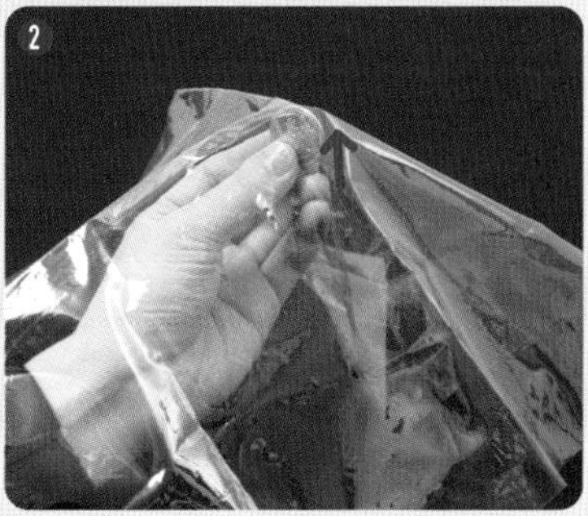

隠し持った５００円玉をハンカチの下で押し出します。

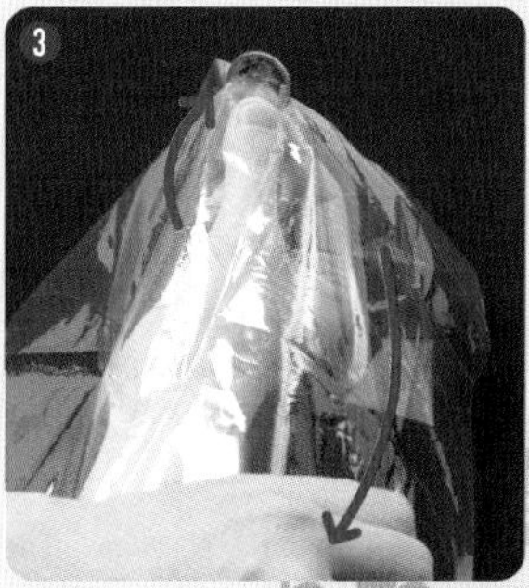

ハンカチごしに５００円玉をつまみ、手を返しながらハンカチをめくると、ハンカチから５００円玉が出てきたように見えます。

Item 500円玉×2枚、千円札、ハンカチ

Set up ～準備～

※説明のため、透明なハンカチを使っています。

千円札を八つ折りにし、左のポケットに入れておきます。

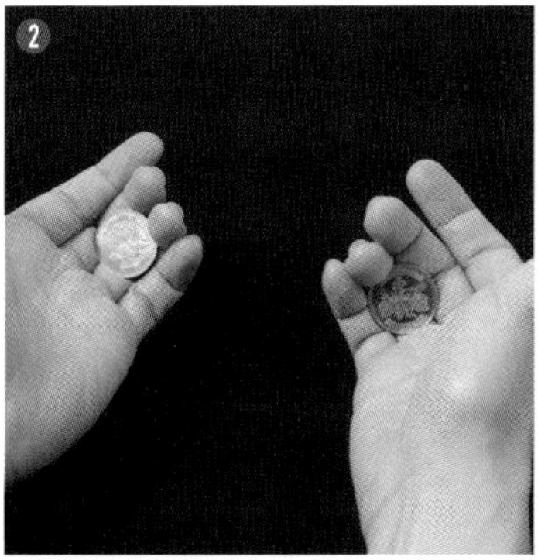

両手に500円玉を隠し持ちます。

ハンカチをたたんで持ちます。

Try ～実践～

※説明のため、透明なハンカチを使っています。

❶
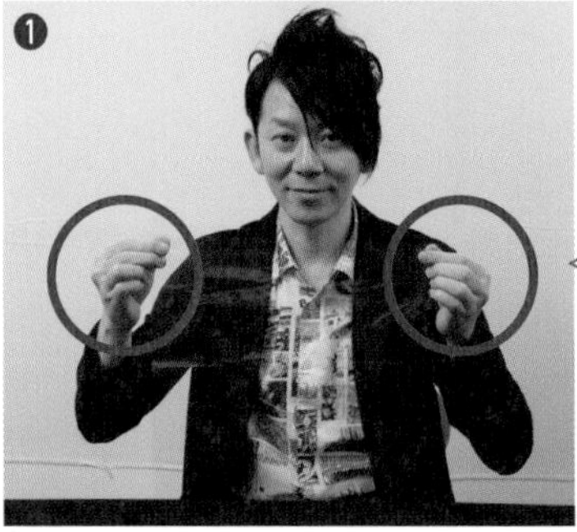

ハンカチが1枚あります

ハンカチを広げて表裏を見せます。隠し持っている500円玉が見えないように注意しましょう。

➡

❷
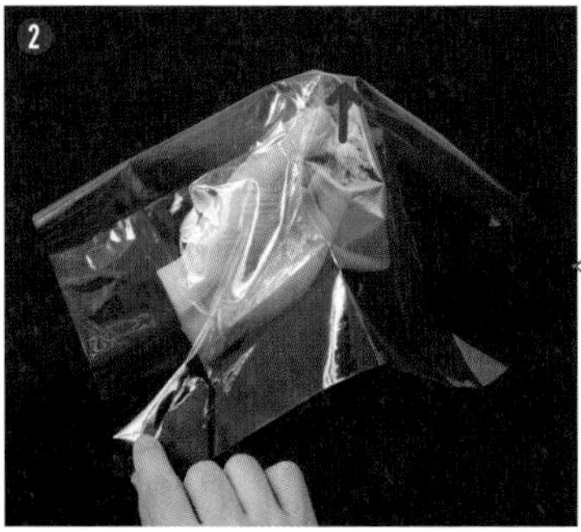

このハンカチを左手にかけると……おや、何か出てきましたよ

ハンカチを左手にかけ、その下で隠し持っていた500円玉を指先に押し出します。

❸
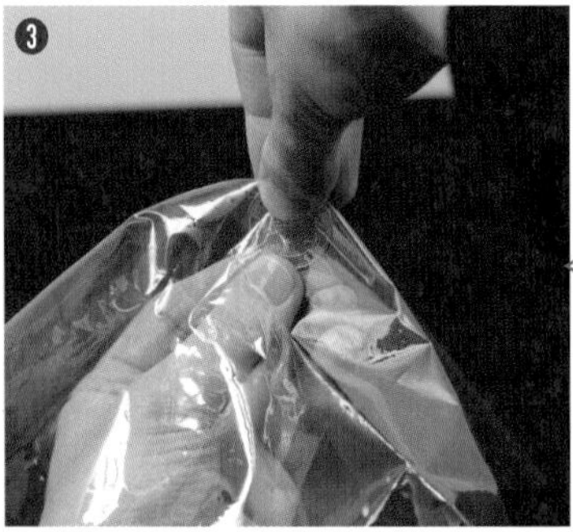

見てみましょう

右手で左手の500円玉をハンカチごしにつまみます。右手に隠し持っている500円玉が見えないように注意しましょう。

➡

❹

500円玉が出てきました!

右手を返しながら左手でハンカチをめくって、出現した500円玉を示します。

❺
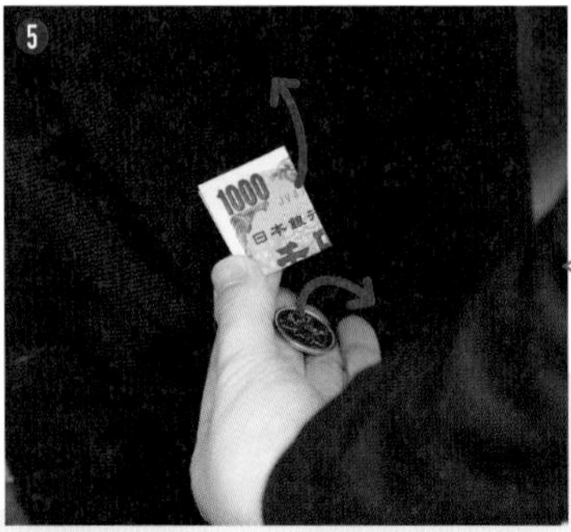

しまっておきましょう

500円玉を左手で取り上げ、左のポケットにしまいます。その時、ポケットの中の千円札を隠し持ちます。

➡

❻
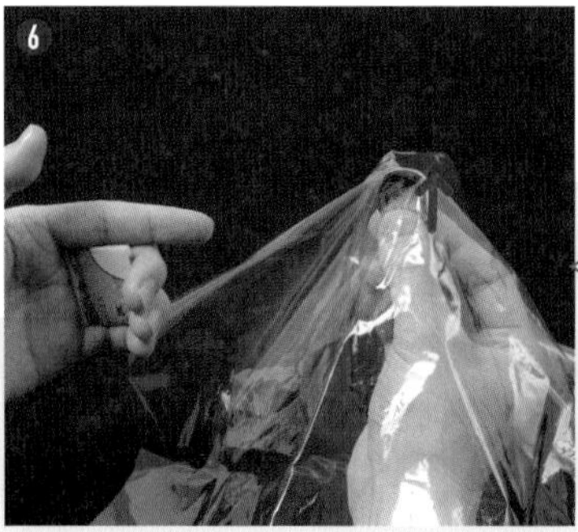

おや、また何か出てきました

右手に隠し持っていた500円玉を指先に押し出します。左手の千円札が見えないよう注意しましょう。

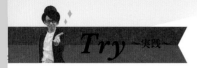

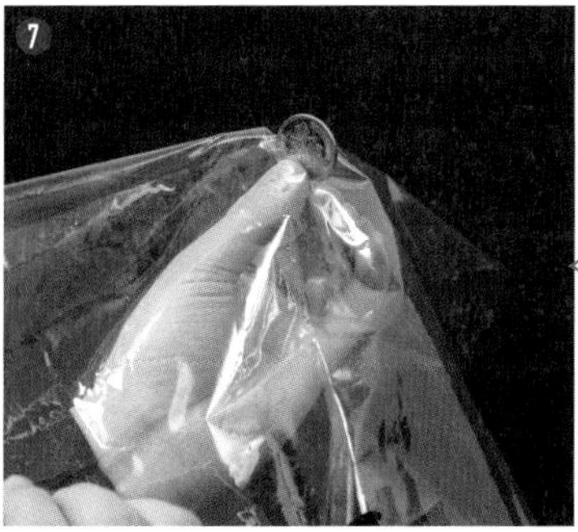

500円玉がもう1枚出てきました！

千円札を隠し持った左手で右手の500円玉をハンカチごしにつまみ、手を返して出現した500円玉を示します。

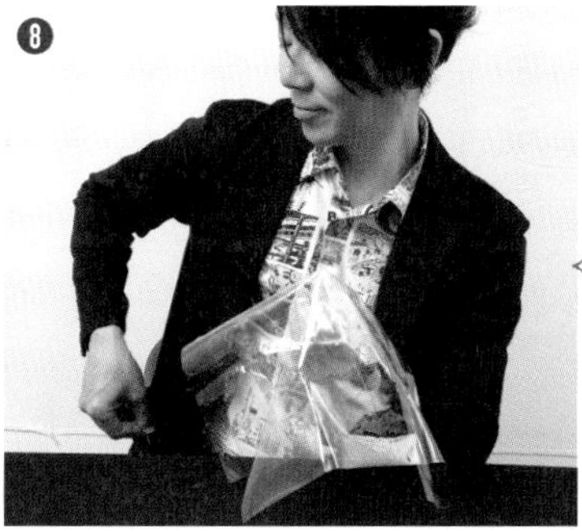

これもしまっておきましょう

500円玉を右手で取り上げ、右のポケットにしまいます。

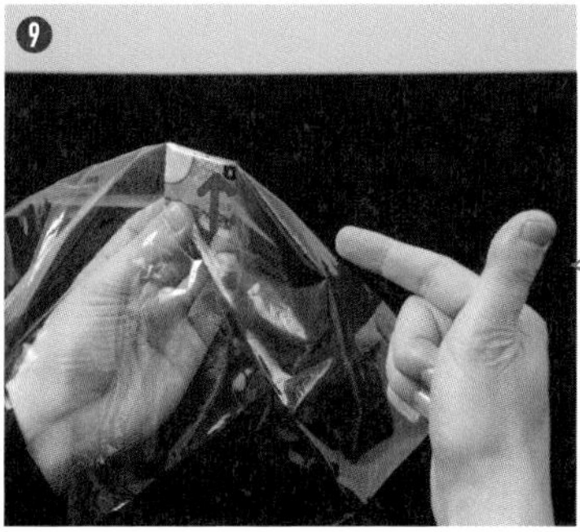

おや、またまた出てきましたよ

左手に隠し持っていた千円札を指先に押し出します。

最後はなんと千円札が！

右手でハンカチごしに千円札をつまみ、ハンカチをめくって千円札を示します。

マジックのコツ　コインは何枚でも出現可能。

最初に左手で500円玉をしまう時、しまったフリをして、500円玉は隠し持ったままでポケットから手を出します。右手も同様にして、これを繰り返すと、ハンカチから次々と500円玉が出てきたように見せられます。ただし、あまり何度も繰り返すとタネに気付かれてしまいますので、4～6枚位出現させたら最後に千円札を出して終わります。ちなみに最後に出すものは、手の中に隠し持てるものであれば何でも構いません。指輪などを出してそのままプレゼントしてもいいですね。

Magic No. 021

借りたお札が2枚に増える！

増殖する千円札

少し練習　クロースアップ　お札　テクニック

Effect ～こんなマジック～

1
千円札を1枚貸して頂けますか？

観客から千円札を借ります。

2
小さくたたみます

千円札を八つ折りにします。

3
ひじでこすると……

折りたたんだ千円札をひじでこすると……

ミスディレクションがカギになる！

千円札をひじでこすると2枚に増えてしまいます。このマジックで使われているのは、観客の注意を巧みにそらす「ミスディレクション」という秘密のテクニック。実は指先のテクニックより大切な、マジックになくてはならない重要な原理の一つです。

4
2枚に増えました！
Applause

千円札は2枚に増えてしまいます。

Secret ～タネあかし～

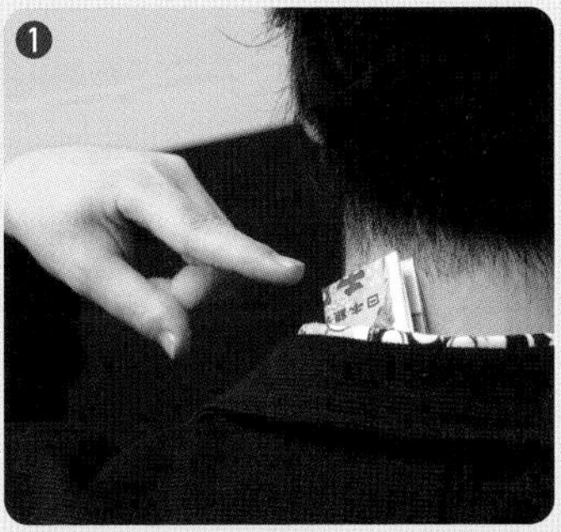

襟首に八つ折りにした千円札を隠しておきます。

千円札をひじでこすっている間に、もう一方の手で隠しておいた千円札を抜き取ります。

この時、千円札をこすっているひじを見るようにします。

観客の視線を誘導する！

襟首の千円札を抜き取っている瞬間を見られないようにするためには、まずマジシャン自身がひじの千円札に視線を向けるようにします。そうすることで観客もその場所を見るため、秘密の動作から意識をそらすことができます。

Item 千円札×2枚（1枚は観客から借りる）

Set up ～準備～

千円札を八つ折りにします。

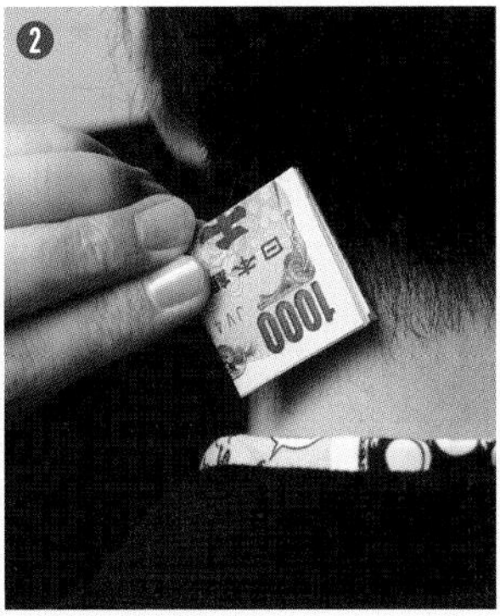

千円札を襟首に隠します。この時、最後に2枚を示す時に同じ向きになるようにセットします。

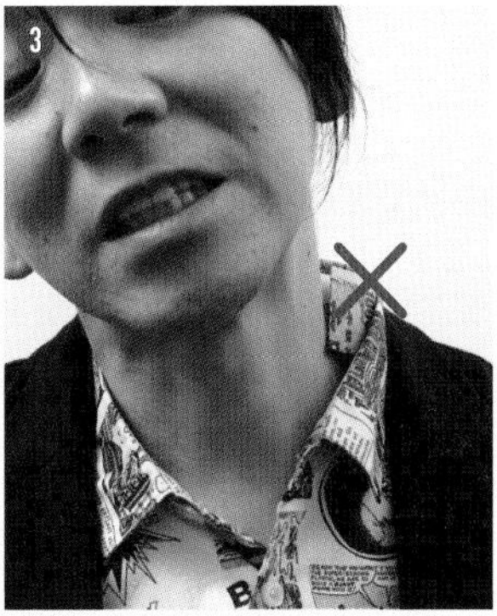

観客から千円札が見えないように注意しましょう。

Try ～実践～

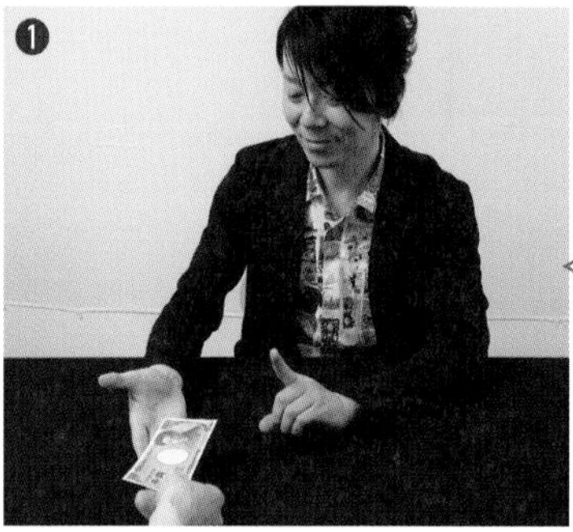

千円札を
1枚貸して頂けますか？

観客から千円札を借ります。

小さくたたみます

千円札を八つ折りにします。（隠してある千円札と同じように折ります）

この千円札をひじでこすると
不思議なことが起こります

折りたたんだ千円札を左手に持ち、右ひじに当てます。

こちらの千円札にご注目……

こすっている間、視線は常にひじに向けておきます。こうすることで、観客の視線をひじの千円札に注目させることができます。

おや、
何も起こりませんね……

千円札を一回ひじから離して観客に見せます。

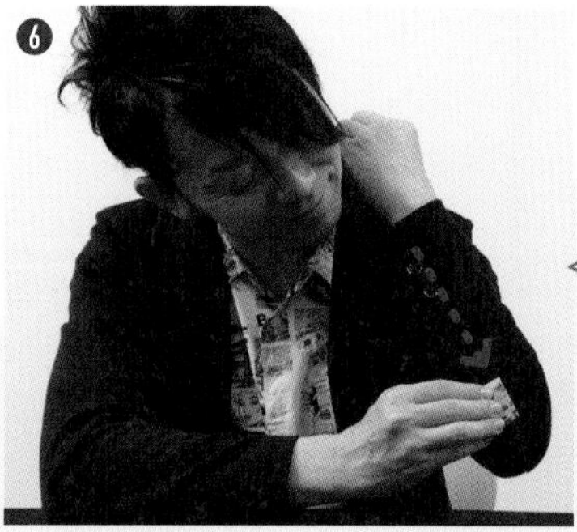

もう一度やってみましょう

千円札を右手に持ち替え、今度は左ひじでこすります。

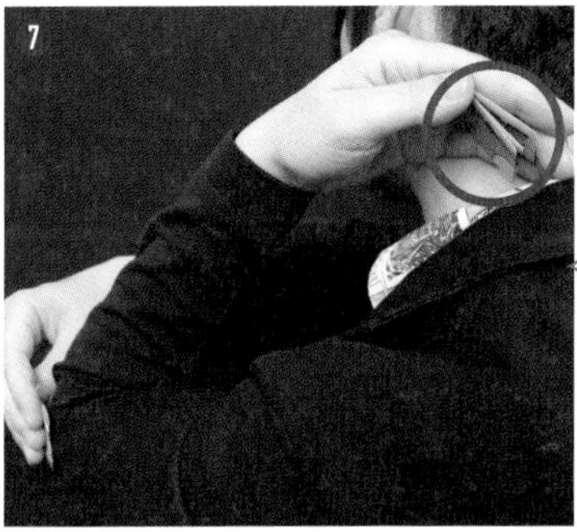

今度は上手くいきそうですよ

千円札をこすっている間に、左手で襟首に隠しておいた千円札を密かに抜き取ります。

お借りした千円札が……

左手で抜き取った千円札が観客に見えないように注意しながら、右手の千円札に重ねます。

2枚に増えました！

両手でそれぞれの千円札をつまんで持ちます。ちぎるようにパッと引き離して2枚に増えた千円札を見せます。

増えた方は頂いておきますね（笑）

1枚を観客に返し、もう1枚はポケットにしまいます。

!マジックのコツ さらに続けてもうひと押し！

あらかじめポケットに写真のように折った千円札を入れておきます。増えた方の千円札を一度ポケットにしまってから、少し間をおいて「もう一度増やしてみましょうか？」と言って、仕掛けの千円札とすり替えて取り出します（金額部分がはっきりと見えないよう、やや深めに持つようにします）。先程と同様にひじでこすり「……おや、今度は枚数ではなく金額が増えてしまいました！」と言って1,000,000円札を見せます。観客の千円札と交換してあげると、いいお土産になりますよ。

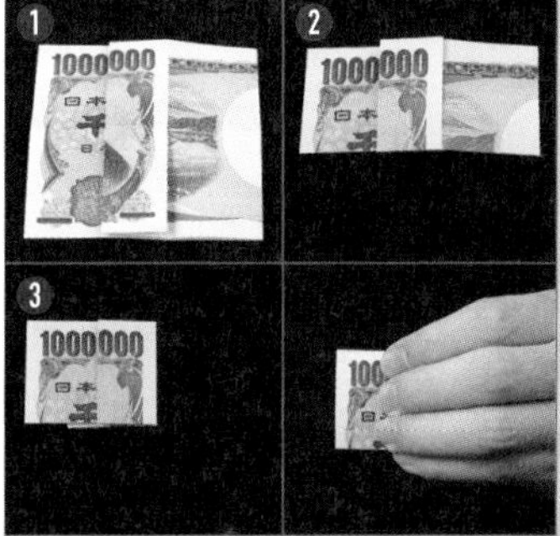

Magic No. 022

驚異のサイキック現象

念動紙幣

超簡単　クロースアップ　お札

Effect ～こんなマジック～

お札に念を込めると……

お札を手のひらに乗せて念を込めます。

ひとりでに反り返ってしまいます！

お札がひとりでに反り返っていきます。

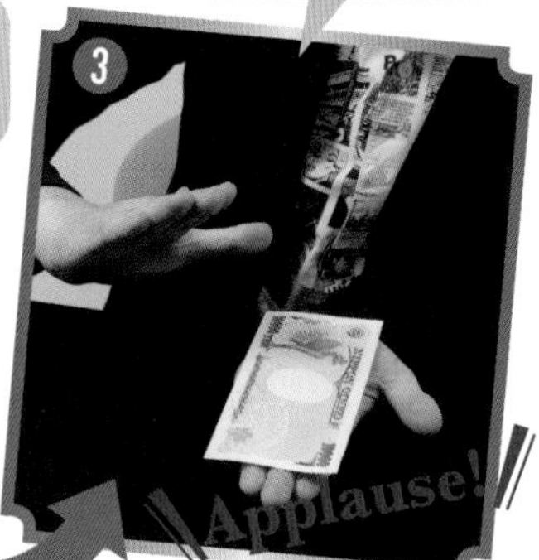
ひっくり返せば元通りに！
Applause!

お札をひっくり返すと、再びまっすぐなお札に戻っていきます。

全ては自動的に行われる！

手のひらに乗せたお札に、なぜか不思議な変化が起こります。手には何もないように見えますが……いいえ、実はパッと見では気付かないちょっとした仕掛けがされているのです。お札の素材の特性を利用した、とても簡単にできるマジックです。

Secret ～タネあかし～

ウエットティッシュで軽く手を拭いて湿らせます。

湿らせた手のひらの上にお札を置くと、湿度を吸ってお札が反り返ります。

きれいなお札を用意する！

お札は特殊な繊維で作られており、湿度を吸って繊維が伸びることで反りが生じます。折り目やシワがあると上手く反らないので、きれいなお札を使うようにしましょう。

♣ Item ♠ お札（折り目やシワのないもの）、ウエットティッシュ

Try ～実践～

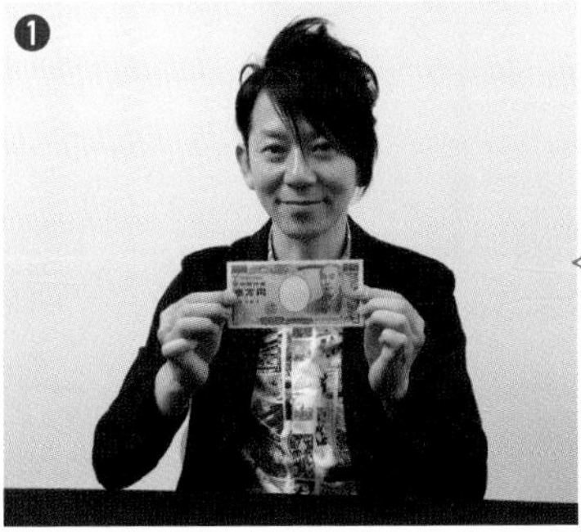

お札を1枚使います

ウエットティッシュで軽く手を拭いて湿らせた後（こっそりと行います）、用意しておいたお札を取り出します。

お札を手のひらに乗せて念を込めると……

お札を手のひらに乗せ、念を込めるジェスチャーをします。

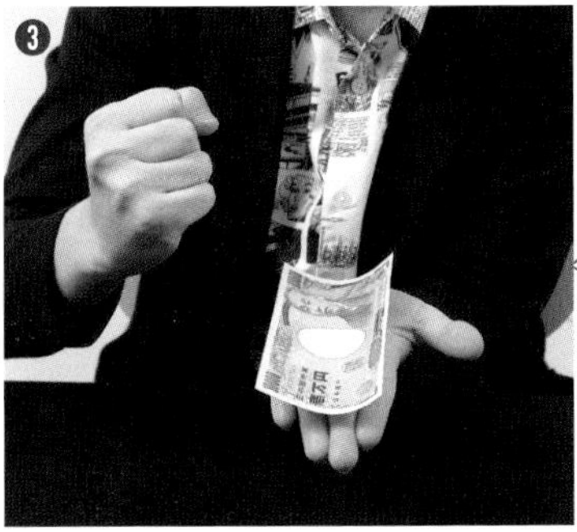

ひとりでに反り返ってしまいます！

お札が湿気を吸ってひとりでに反り返っていきます。

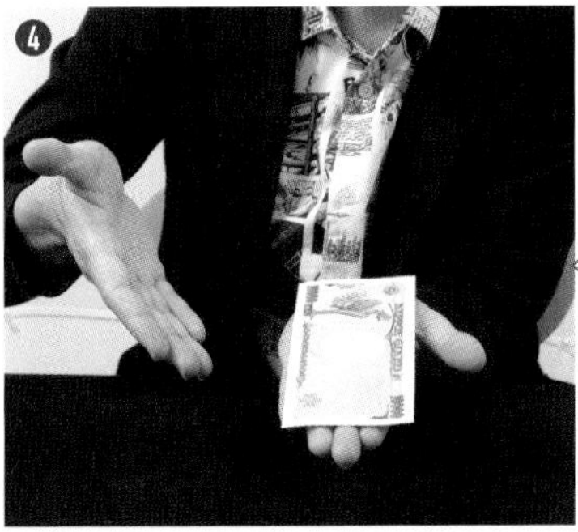

ひっくり返せば元通りに！

お札をひっくり返して置き、もう一度念を込めるジェスチャーをします。お札は元のまっすぐな状態に戻っていきます。

！マジックのコツ　お札以外の紙でもOK！

実はトレーシングペーパーを使っても同じことができます。トレーシングペーパーは非常に反り具合が強く、薄いものだとカールしてしまうので適度な厚さのものを選びましょう。小さく切ったトレーシングペーパーにスプーンの絵を描いて行えば「絵に描いたスプーン曲げ」ができます。ちなみに反りは流れ目（線維の方向）と平行に生じるので、あらかじめどの向きに反るか確かめてから切るようにしましょう。

Magic No. 023

お札が２段階に変化する！

大変身マネー

簡単　クロースアップ　お札　工作

Effect ～こんなマジック～

1
千円札が1枚
あります

千円札を取り出し、
広げて見せます。

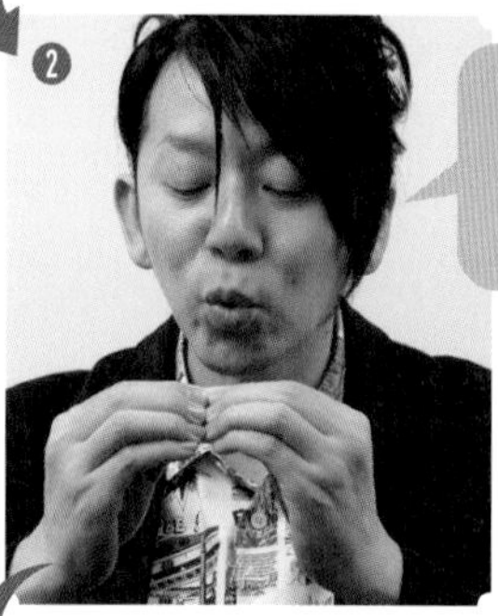

2
折りたたんで
おまじないを
かけると……

八つ折りにした千円札におまじないをかけます。

3
五千円札に変わって
しまいました！

広げると五千円札に
変わっています。

仕掛けのお札で簡単にできる！

「お金を増やせたら……」と、誰もが一度は思ったことがあるでしょう。そんな願いを現実に叶える、まさに夢のようなマジックが、仕掛けのお札を使って簡単にできてしまいます。仕掛けのお札は、一度作ってお財布に忍ばせておけば、いつでもどこでも演じることができます。

4
さらに
壱万円札に！
Applause!

もう一度折りたたんでおまじないを
かけると、壱万円札に変わります。

Secret ～タネあかし～

サイズの違いはお札を持つ手でカバー！

日本のお札は横幅がそれぞれ違います。そのため、折りたたんだお札を貼り付ける時は、左端を折り目に揃えて、右端がはみ出るようにします。このようにすると、はみ出た部分を右手でカバーして隠すことができます。

1

千円札の裏面には、五千円札と壱万円札が貼り付けられています。

2

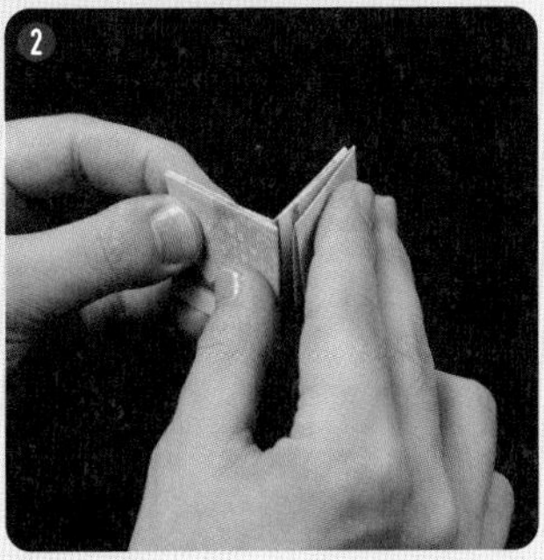

千円札を折りたたんでいき、最後に右下部分の五千円が観客側にある状態にします。

※折り方の詳細は90ページを参照

3

観客側にある五千円札を広げると、千円札が五千円札に変わったように見えます。

♣ Item ♠ 千円札、五千円札、壱万円札、のり（貼って剥がせるタイプ）

Set up ～準備～

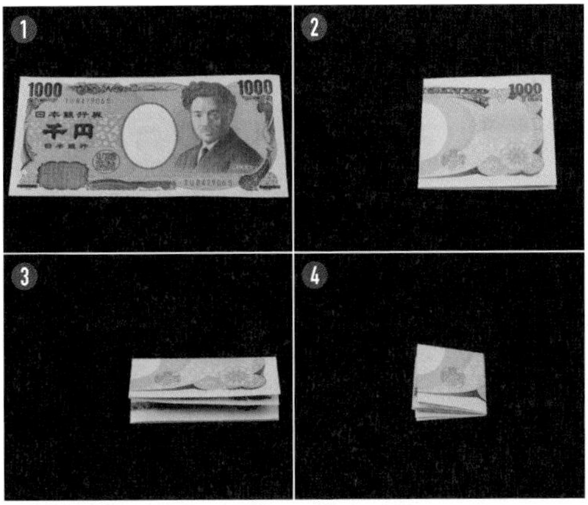

それぞれのお札を八つ折りにします。

5

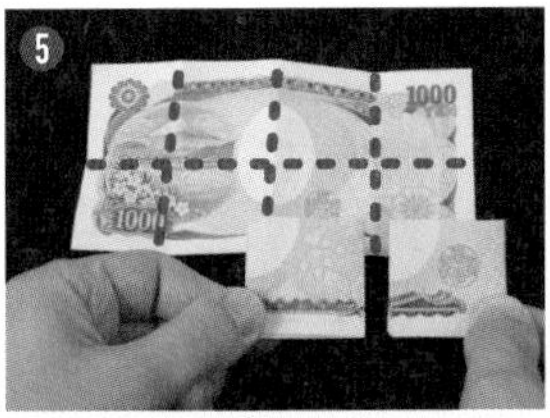

千円札の裏面の右下に五千円札、その左隣に壱万円札を写真の向きに貼り付けます。

6

折りたたんだお札は、それぞれ左端を折り目に揃えて貼るようにします。

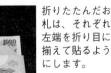

Try ～実践～

❶

千円札が1枚あります

千円札を、観客に表面を向けて持ちます。右下のはみ出ている部分は右手でカバーしています。

❷

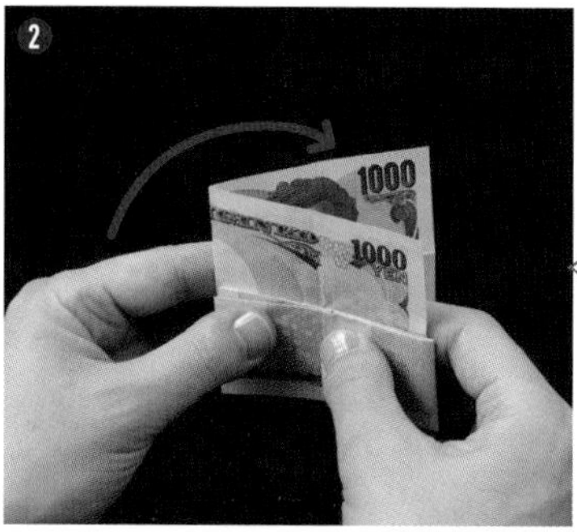

小さく折りたたんでいきます

まず左半分を右に折ります。

❸

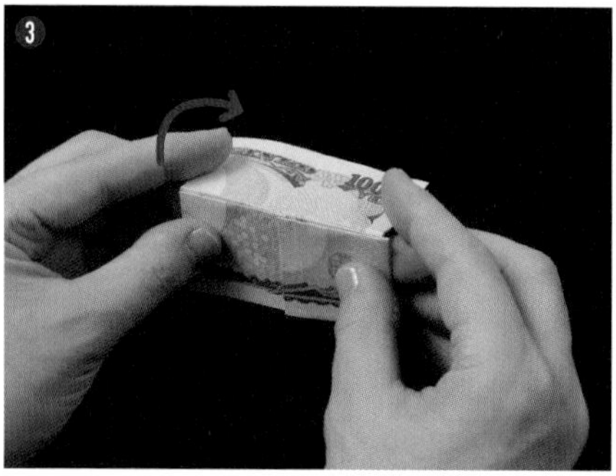

次に上半分を下に折ります。

❹

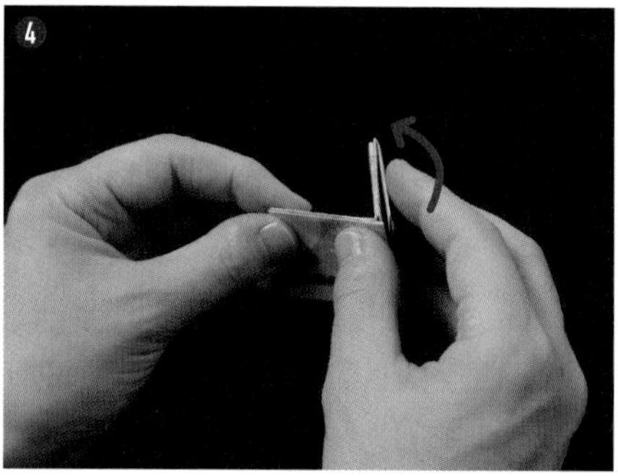

最後に右半分を左に折ると、五千円札が観客側にある状態になります。

❺

おまじないをかけると……

息を吹きかけるなどします。

❻

なんと五千円札に変わってしまいました！

観客側にある五千円札を広げて、変化したことを示します。右下のはみ出ている部分は右手でカバーします。

裏面を改める動作で、右手を左手に近付け、持っている端を左手に渡します。

左右の端を入れ替えて持ち、裏面を見せます。貼られている壱万円札は左手でカバーして隠しています。逆の動きを行って元に戻します。

もう一度やってみましょう

この状態から❷〜❻を繰り返すと壱万円札になります。

壱万円札に変わってしまいました！

壱万円札に変わったことを示します。❼〜❽を行って裏面を改めた後、裏面が見えないようにお札をたたんで、ポケットにしまいます。

！マジックのコツ　手の形は常に左右対称に！

お札を広げて持つ時に、（はみ出ている部分を隠そうとして）右手だけで持っていると、観客は「そこに何かあるのかな……？」と考えてしまいます。お札は常に両手で持つようにしましょう。また、たとえ両手で持っていたとしても、右手は5本の指を使っているのに、左手は親指と人差し指だけでつまんでいるというのも、これまた不自然です。持っている時も折りたたむ時も、両手はできるだけ同じ形でお札に触れているようにしましょう。

トランプの用語・技法解説

美しいカードマジックを披露するためには、正しいトランプの扱い方を覚えておく必要があります。マジックを始める前に、本書で使われている用語や技法をしっかりと覚えておきましょう。

※本書では、どのページからでもすぐにお読み頂けるよう、各マジックの解説ページでの専門用語の使用はなるべく控えています。

用語編

カード、パケット、デック

1枚のトランプを「カード」といいます。複数枚のカードのことを「パケット」、52枚（ジョーカーを加えてもOK）全て揃ったカードは「デック」といいます。観客にカードを引かれるなどして数枚減っている状態でも「デック」と呼びます。

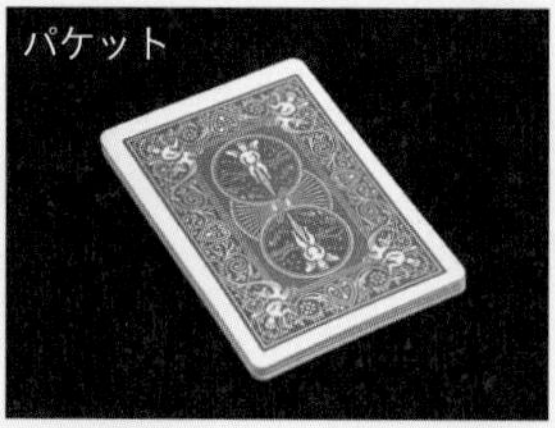

※本書では1枚を「カード」、パケットを「束」「山」、デックを「トランプ」「一組」などと表記しています。

表、裏

マークと数字が描かれた面が「表」、同じ模様の面が「裏」です。表面のことを「フェイス」、裏面のことを「バック」と呼びます。ちなみにカード左上（または右下）のマークと数字のことを「インデックス」といいます。

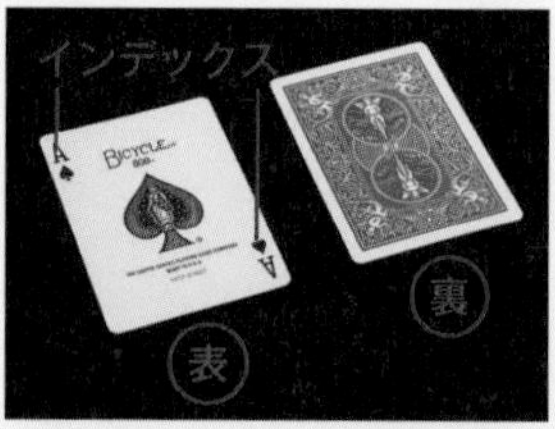

サイド、エンド、コーナー

カードの縦の長い辺を「サイド」、横の短い辺を「エンド」、角の部分を「コーナー」と呼びます。「左（親指側）のサイド」とか「手前（自分側）のエンド」といった使い方をします。

トップ、ボトム

デックを裏向きで揃えた時、一番上のカードが「トップ」、一番下のカードが「ボトム」になります。これは**一組をひっくり返しても変わらず、裏向きのカードの方が「トップ」、表向きのカードの方が「ボトム」**になります。

トップ
ボトム

※ひっくり返しても、こちらがボトムカードになります。

技法編

ディーリングポジション

「ディール（配る）」するためのポジションで、デックの基本的な持ち方です。左手の親指で左サイド、人差し指で向こう側のエンド、残りの3本の指で右サイドを押さえるようにして持ちます。配る時は、親指でトップカードを右上方向に押し出し、右手で受け取ってテーブルに置きます。

➡

➡

ヒンズーシャッフル

ほとんどの方が普段トランプを切る時のやり方によく似ていますが、実はそれは「アジアンシャッフル」という切り方で、若干動きが異なります。カードマジックでの正しい「ヒンズーシャッフル」を覚えましょう。

1 右手の親指と中指、薬指でデックの端の方を両サイドから挟むようにして持ちます。人差し指はトップカードに軽く触れています。

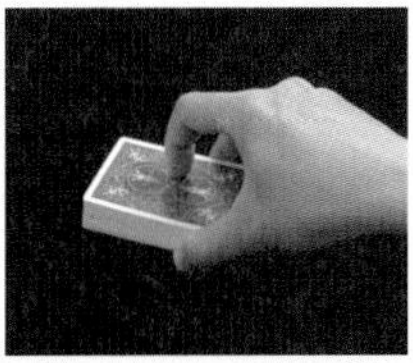

2 左手でデックのトップ数枚を引き出します。この時、右手はほぼ動かしません。

3 引き出したパケットを左の手のひらに落とします。

4 2～3を数回繰り返し、最後に残った右手のパケットは左手のパケットの上に置きます。

ボトムコントロール

観客の選んだカードを、デックを混ぜながら密かにボトムに移動させるテクニックです。少し難しいですが、応用範囲の広いテクニックですので、ぜひ頑張ってマスターしてください。

1 デックをディーリングポジションに持った状態で、観客のカードを裏向きで返してもらいます。

2 カードを、デックの手前のトップから1/3位の所に挿し入れます。

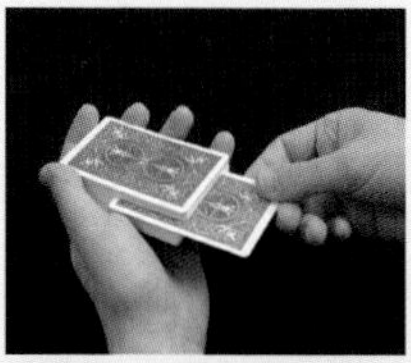

3 カードを右手の親指で押し込んでいきますが、この時**カードを少しだけ持ち上げるようにしながら**押し込みます。こうすると手前側のエンドが浮いて、上のパケットと下のパケットの間に隙間ができます。（観客側のエンドは閉じています）

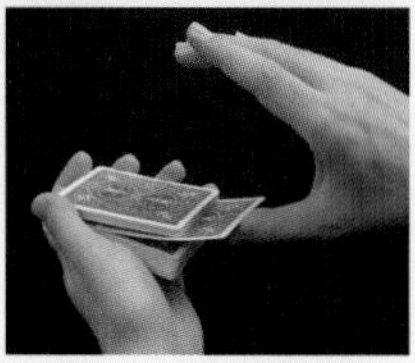

4 そのままカードを最後まで押し込み、右手を離します。できた隙間を、**左手の小指の腹の部分で保ちます。**（これを「ブレイク」といいます）

5 ブレイクから上のパケットを取り上げてテーブルに置きます。

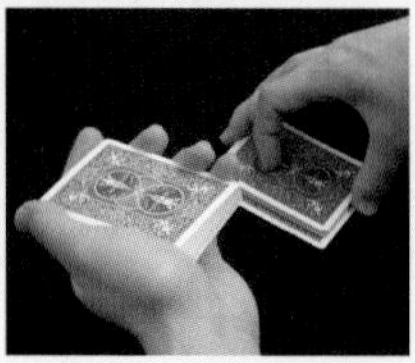

6 続けて左手のパケットの半分を取り上げ、テーブル上のパケットに重ねます。さらに残りのパケットを取り上げてその上に重ねます。

ちなみに、カードをトップに移動させたい時は次のようにします。

①カードを**ボトムから1/3位の所**に挿し入れます。
②親指で**押し下げるようにして**デックに押し込み、ブレイクを作ります。
③ブレイクから上のパケットを二回に分けてテーブルに置き、最後にブレイクから下のパケットを重ねます。

こうすると「トップコントロール」になります。観客からは「ボトムコントロール」と全く同じ動きに見えますので、状況に応じて上手く使い分けるといいでしょう。例えば「ハンカチを通り抜けるカード」（54ページ）でこちらを使うと、観客にボトムカードが見えてしまう心配がなくなります。

第3章

本格的な道具を使ったマジック

Professional item Magic

Magic No. 024

紀元前2500年の昔から……

カップ&ボール

少し練習 クロースアップ その他 テクニック

Effect ～こんなマジック～

クロースアップマジックの最高傑作！

世界最古のマジックといわれる「カップ&ボール」には、マジックの全ての要素が詰まっています。本格的にマジックをやろうと思っている方であれば、必ず覚えておくべきマジックです。さまざまなルーティーン（手順）がありますが、ここでは一番簡単な基本の方法をご紹介します。

❶

三つのカップと３個のボールを使います。

三つのカップと3個のボールを見せます。

❷

ボールをカップの底に置いておまじないをかけると……

ボールをカップの底に置いて、残りのカップを被せます。

❸

ボールはカップの底を通り抜けてしまいます！

ボールがカップを貫通します。

❹

最後はレモンが出てきてしまいました！
Applause!

全てのボールがカップを貫通し、最後はレモンが現れます。

Secret ～タネあかし～

※説明のため、透明なカップを使っています。

ボールを入れたカップが真ん中になるようにして三つのカップを重ね、口が上を向くようにして左手に持ちます。

ボールは4個あった！

観客には見えない余分なボールを1個使うことで、ボールが次々と貫通したように見えます。常に一手先を準備しながら進行する「ワン・アヘッド」と呼ばれる原理が使われています。

右手でカップを下から一つずつ取って、ふせた状態でテーブルに並べて置いていきます。**テンポよく置くことでボールは落ちてきません**。今、中央のカップの下にボールが隠れています。

中央のカップの底にボールを置き、両端のカップをその上に重ねます。三つのカップを重ねたまま傾けて、ボールが貫通したようにみせます。

♣ Item ♠ カップ×三つ、ボール×4個、レモン（最後に出現させるもの）

Set up ～準備～

※説明のため、透明なカップを使っています。

カップにボールを1個入れます。

ボールを入れたカップを真ん中にして三つのカップを重ねます。

レモン(最後に出現させるもの)を左ポケットにしまっておきます。

Try ～実践～

※説明のため、透明なカップを使っています。

三つのカップと3個のボールを使います

セットしておいたカップからボールを取り出してテーブルに並べます。カップは口が上を向くようにして左手に持ちます。

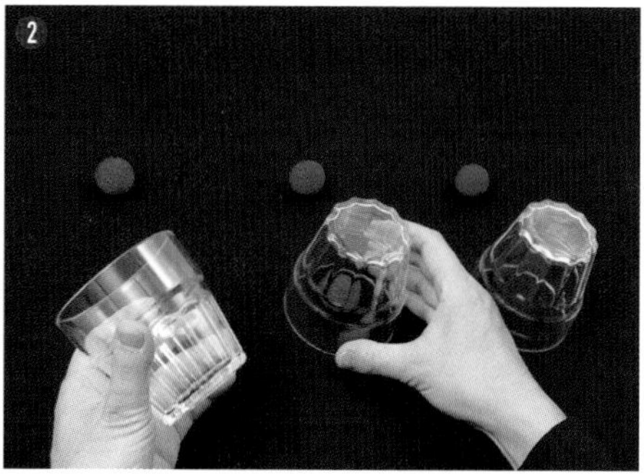

右手でカップを下から一つずつ取って、ふせた状態でテーブルに並べて置いていきます。今、中央のカップの下にボールが隠れています。

ボールをカップの底に置いておまじないをかけると……

ボールを中央のカップの底に置き、両端のカップをその上に重ねます。

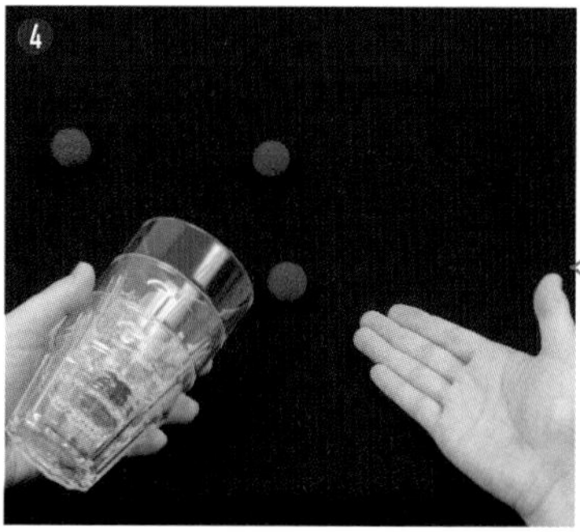

ボールはカップの底を通り抜けてしまいます！

指を鳴らすなどしてから、三つのカップを重ねたまま傾けて、ボールが貫通したようにみせます。

もう一度やってみましょう

左手のカップを❷と同じようにしてテーブルに並べます。この時、真ん中のカップは、今貫通したボールの上に被せて置くようにします。

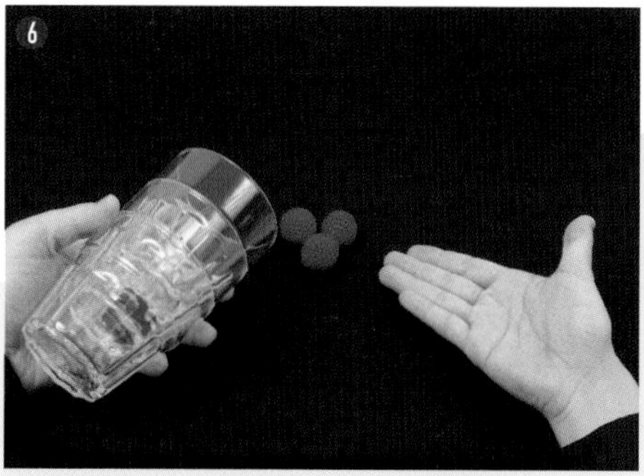

❸～❹を行い、2個目のボールも貫通させます。さらにもう一度繰り返して、3個目のボールも貫通させます。

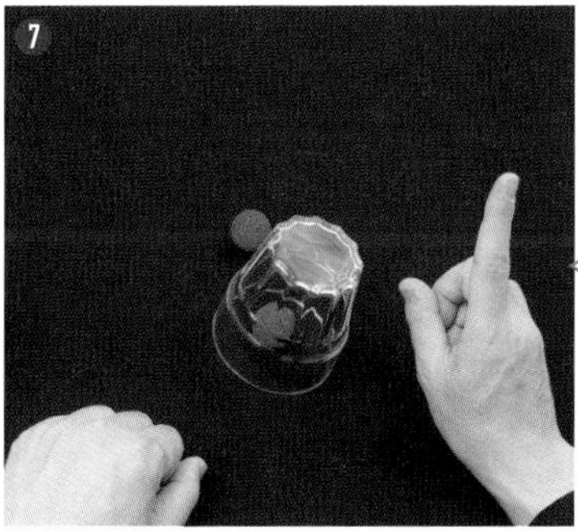

今度はカップとボール1個だけでやってみましょう

➡

ボールをポケットにしまいます

❷と同じようにカップを並べてから、ボールを1個だけ残して、残りの2個のボールと両端のカップをテーブル脇によけてしまいます。

左手でボールを取り上げ、左のポケットにしまいます。この時、ポケットの中で密かにレモンを握って隠し持っておきます。

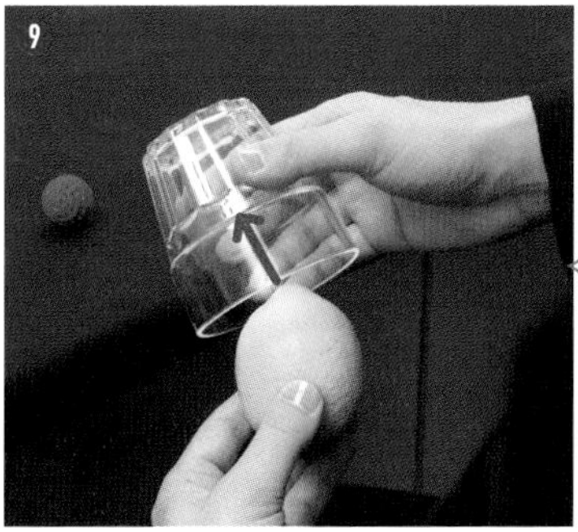

おまじないをかけるとボールはカップに戻ってきます！

➡

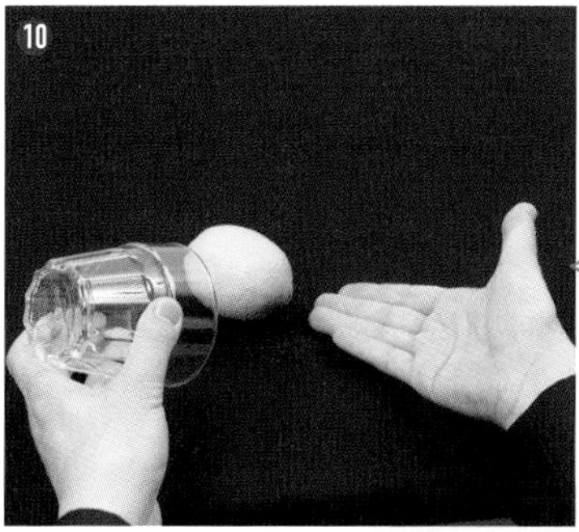

ではもう一度……あれ、最後はボールではなくレモンが出てきてしまいました！

指を鳴らすなどしてから右手でカップを持ち上げ、ボールが戻ってきたことを示します。観客がボールに注目している隙に、カップをテーブルの端まで寄せてレモンを入れてしまいます。

レモンを入れたカップをテーブルに置き、再びボールをポケットにしまいます。指を鳴らすなどしてから、カップを持ち上げてレモンを見せます。

❗マジックのコツ 紙コップで代用も可能。

専用の道具は雰囲気もあって大変魅力的ですが、最初は紙コップと手芸用の梵天（ポンポン）を使って練習するといいでしょう。サイズは、紙コップは約90～205ml、ボールは1cm位のものが適しています。あまり大きなボールを使うと、底に置いて紙コップを重ねた時に、紙コップが浮いてしまいます。使用する紙コップに合った、適度なサイズのものを用意しましょう。また、紙コップとボールの色は同系色にならないようにしましょう。

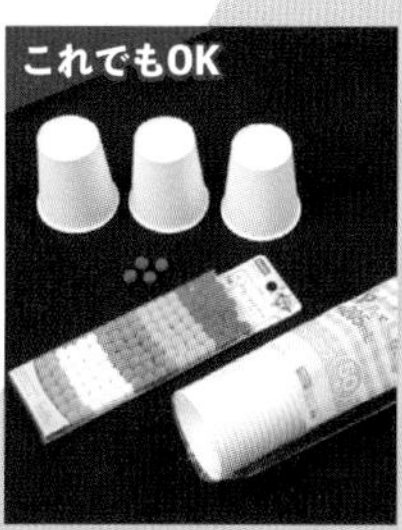

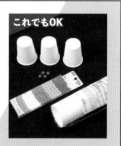

Magic No. 025

1《ワン》、2《ツー》、3《スリー》でお洒落《しゃれ》にキメる！

シルクから薔薇《バラ》が出現

ちょっと練習が必要　パーティー　シルク　テクニック　ロマンチック

Effect ～こんなマジック～

ロマンチックな演出でサプライズ！

何も持っていなかった手に美しい薔薇《バラ》が瞬間に現れる…This is MAGIC《これぞマジック》!といった趣《おもむき》の、まさにマジックらしいマジックです。少し練習が必要ですが、マスターすればあなたもカッコいいマジシャンに。気になる相手へのプレゼントに、こんなロマンチックな演出はいかが？

❶

1枚のシルクがあります。

シルクを手に持って登場します。

❷

ワン、ツー

シルクを二回撫で上げます。

❸

スリー！“フッ”

シルクに息を吹きかけると……

❹

バラが現れました！
Applause!

シルクの陰から薔薇《バラ》が出現します。

Secret ～タネあかし～

バラをあらかじめ右手の陰に隠し持っておきます。

時にはスピードも大切！

よく「目にも止まらぬ早業《はやわざ》」などと言いますが、このマジックではある程度の素早さも必要です。鏡の前で練習して、バラを移し替えている動作が見えないよう、角度やタイミングを研究しましょう。

左手でシルクを撫でる動作の中で、バラをシルクの陰に移します。

息を吹きかけてから、右手を開いてシルクの端を離します。バラが突然現れたように見えます。

Item シルク（45cm角）、バラ（造花でもOK）、ハサミ

Set up ～準備～

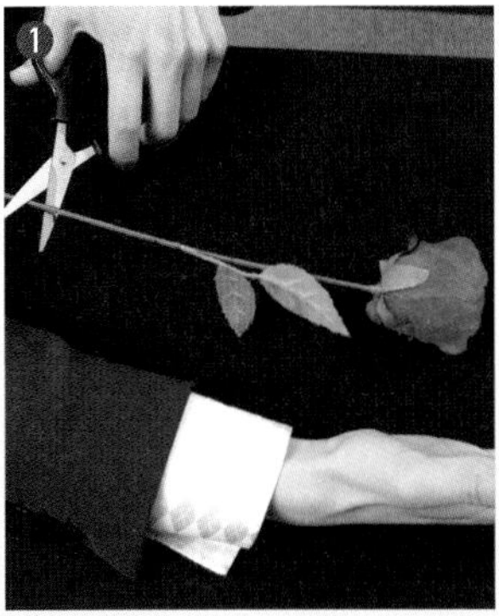

バラの茎を、手首からひじまでの長さにカットします。葉も数枚を残して切り落とします。

バラの花の部分を右手で握り、茎を腕の内側に沿わすようにして隠し持ちます。

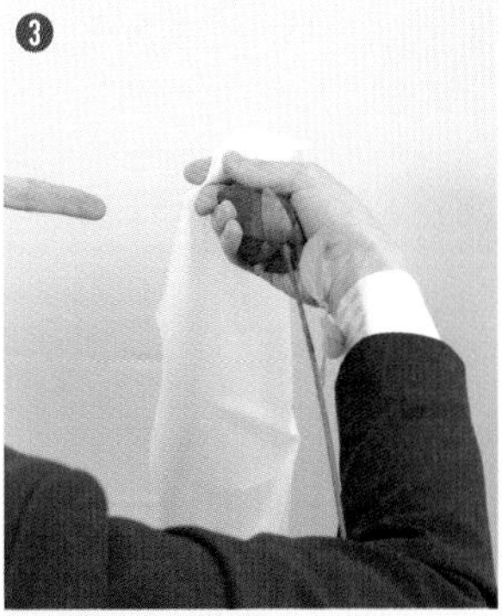

人差し指と中指でシルクの端を挟んで持ちます。

Try ～実践～

1枚のシルクがあります

シルクを右手に持って登場します。隠し持っているバラが見えないように注意しましょう。

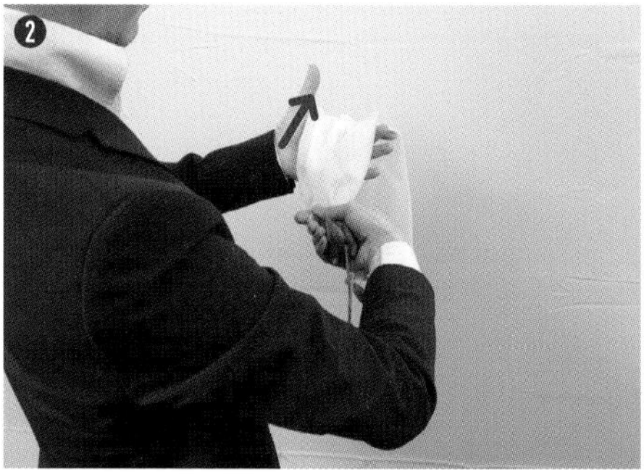

右手は動かさずに、左手を手前から挿し入れ、シルクを撫で上げます。

シルクを軽く包むようにして左手を上げていきます。

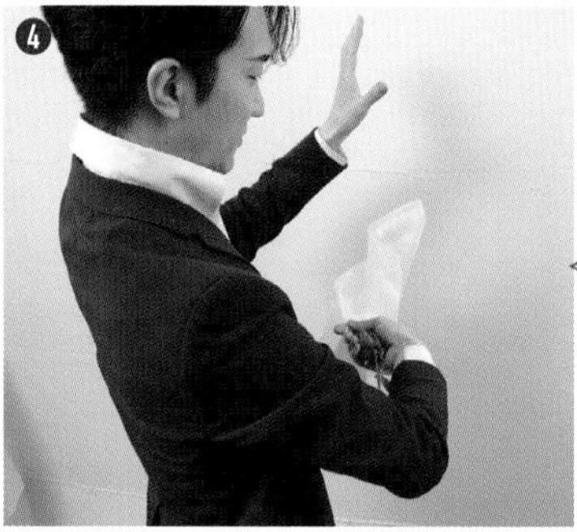

ワン、ツー、

シルクの端まで来たら、左手を離してシルクを落とします。❷～❹を「1（ワン）、2（ツー）、」と言いながら二回行います。

スリー！

「3（スリー）」で、今度は左手を動かさず右手を上げていきます。左手がシルクを撫でる動作の中で、バラの茎部分をシルクの陰に移します。

茎の端が左手に入ったら、シルクごしに握って持ち、右手を上げるのを止めます。

"フッ"

すかさず右手の辺りに息を吹きかけます。

バラが現れました！

右手を開いてシルクの端を離し、バラを出現させます。

❗マジックのコツ　同じリズムでテンポよく。

「1《ワン》、2《ツー》、3《スリー》」の掛け声に合わせてシルクを撫でる、という動作を合計三回繰り返しますが、何もしていない動作（最初の二回）と密かに薔薇を移し替えている動作（最後の一回）のテンポが違わないように注意しましょう。実際には、三回目にシルクを撫でる時は手が左右逆になっているのですが、同じリズムで行うことによってそれが目立たなくなります。逆にバラを出現させた後は、ゆったりとした動作でバラを扱いましょう。

ビリーとバッジの Magic column

マジックの歴史①

マジックはいつ頃からこの世にあったのでしょうか……？　世界最古のマジックの記録は、中部エジプトにあるベニ・ハッサンという村の洞窟の壁画に残されているもので、本書96ページにも掲載している「カップ&ボール」だといわれています。この壁画が描かれたのは紀元前2500年前といわれていますので、なんと今から4500年も前からマジックは演じられていたことになります。その後、長い年月を経て「カップ&ボール」は世界中に広まり、日本では「品玉《しなだま》の術」、中国では「三星帰洞《サンシングイトン》」などと呼ばれ、演じられていました。

Magic No. 026

リングとロープの合奏曲《アンサンブル》

リングとロープ

少し練習　パーティー　ロープ　テクニック

Effect ～こんなマジック～

2種類の現象が続けてできる！

切れ目のないリングがロープに通ったり外れたり……何の変哲もない道具で、「貫通」「脱出」と2種類の現象を連続して起こせます。もちろんリングとロープは観客に渡して調べさせることができるのでとても不思議。パーティーなどで演じれば、盛り上がること間違いナシ！

❶

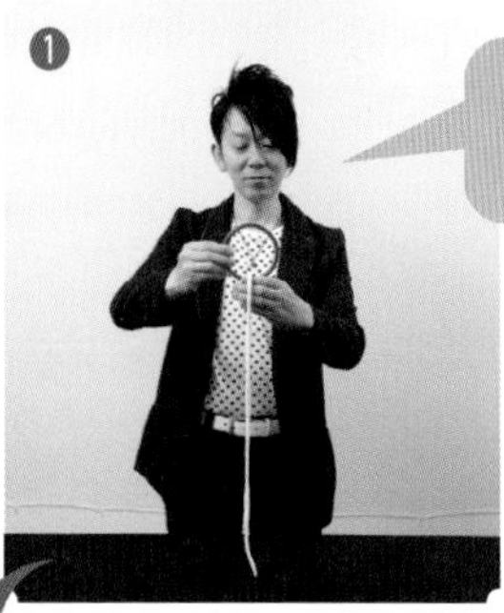
切れ目のない
リングが……

ロープの中央にリングを押し当てます。

❷

ロープに通って
しまいます！

リングがロープに入ってしまいます。

❸

そして再び……

リングをロープに沿って下ろしていきます。

❹

脱出してしまい
ます！
Applause!

リングがロープから外れてしまいます。

Secret ～タネあかし～

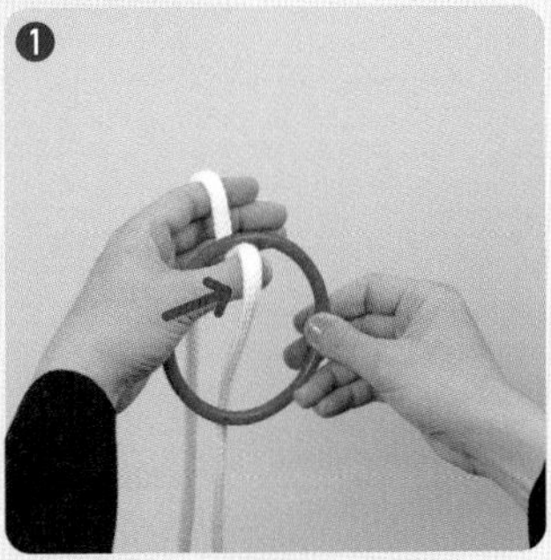

【リングを入れる時】左手の４本の指の陰で、親指を使ってロープの中央部分をリングに入れてしまいます。

動きが止まらないように注意！

指先を使ってリングにロープを通すのは、リングを動かしている動作の中で行います。指を動かすためにリングの動きが止まってしまわないよう、繰り返し何度も練習しましょう。

【リングを外す時】通ったリングを持ち上げて左手に渡す動作の中で、人差し指を使ってロープの端をリングに入れてしまいます。

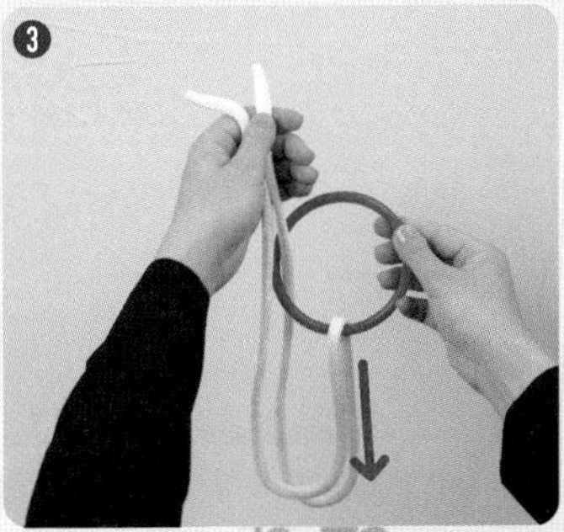

リングをロープに沿って下ろしていくと、ロープの中央からリングが抜けたように見えます。

♣ Item ♠ リング（直径が10cm位のもの）、ロープ（約110cm）

Try ～実践～

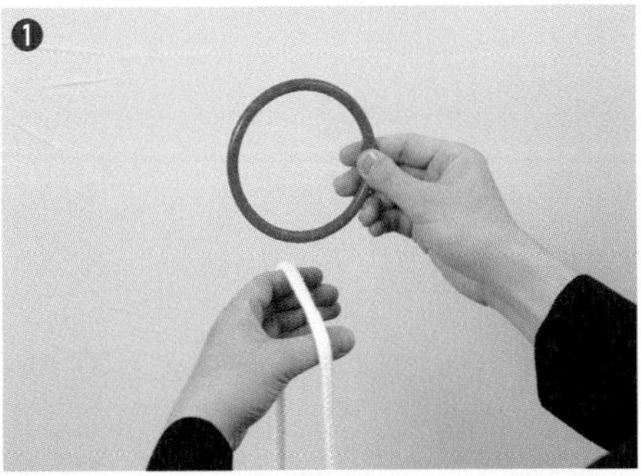

左手をコの字型にし、その上にロープの中央付近を乗せます。リングは右手に持ちます。

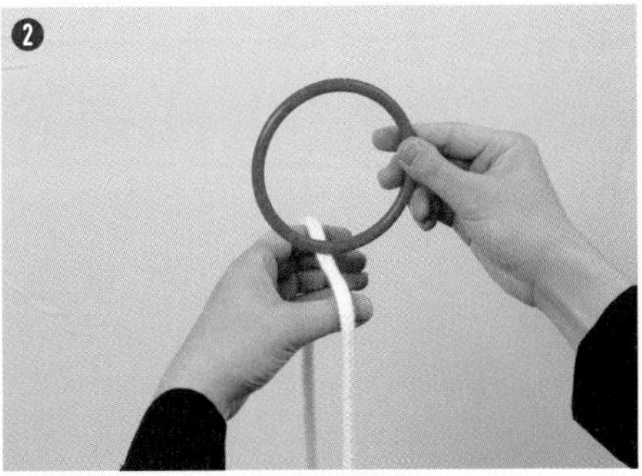

リングをロープの中央付近に軽くあてます。

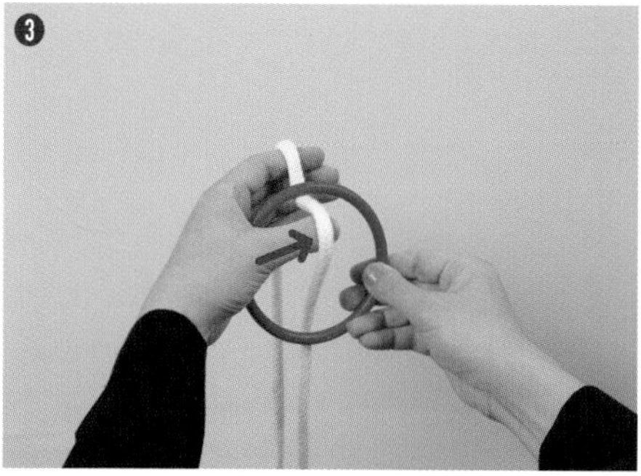

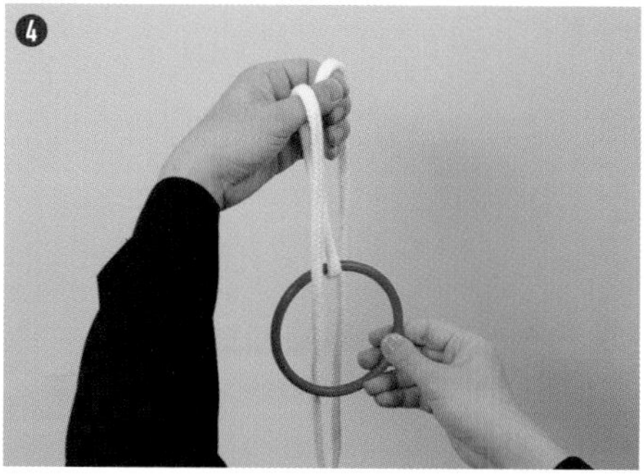

そのままリングを下ろしていきながら、左手の4本の指の陰で、親指を一旦ロープから離し、リングの中に入れてロープにかけます。

そのままリングでロープを押し下げていきます。リングは既にロープに入っています。

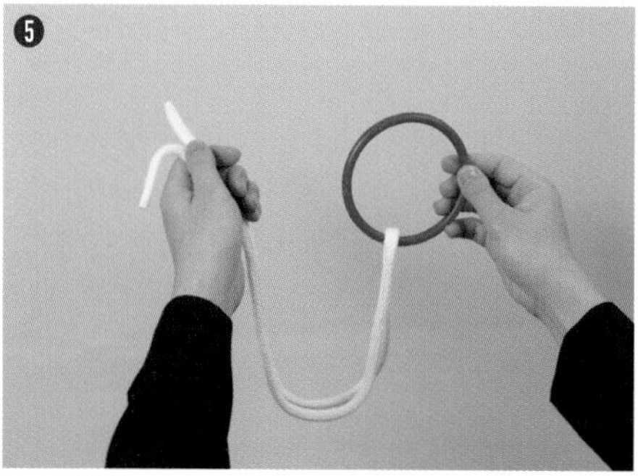

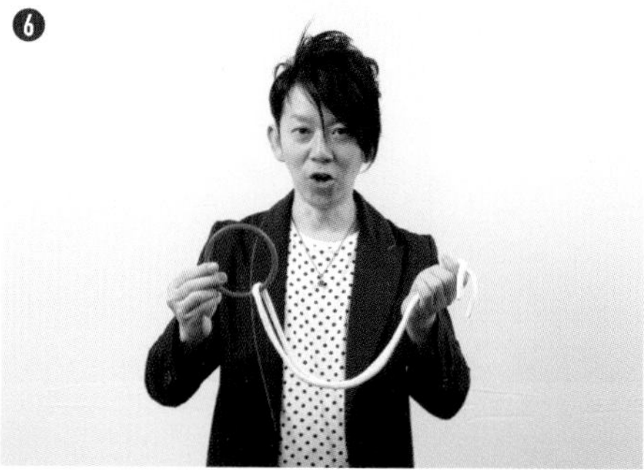

リングでロープの中央付近を持ち上げるようにして、右手を上げます。

リングがロープに通っていることをよく見せます。

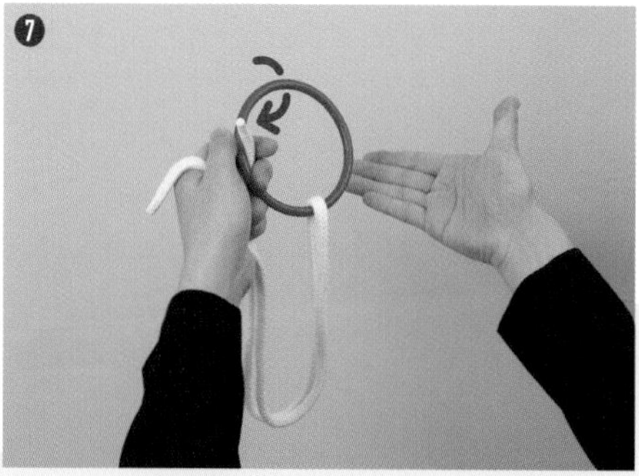

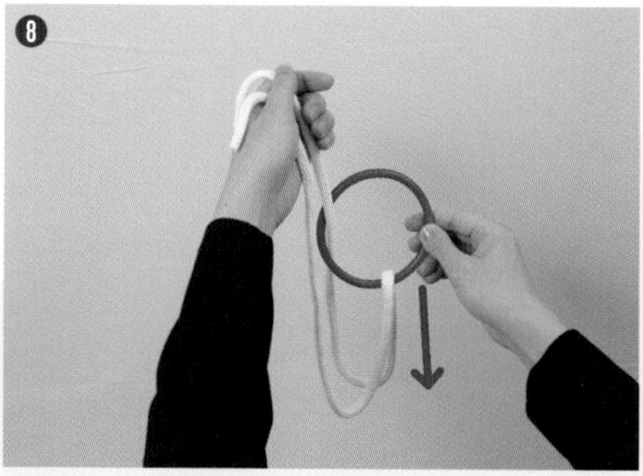

リングを左手に渡す動作の中で、人差し指を使ってロープの向こう側の端をリングに入れてしまいます。右手はリングから一旦離します。

再びリングを右手に持ち替え、ロープに沿って下ろしていきます。

❾

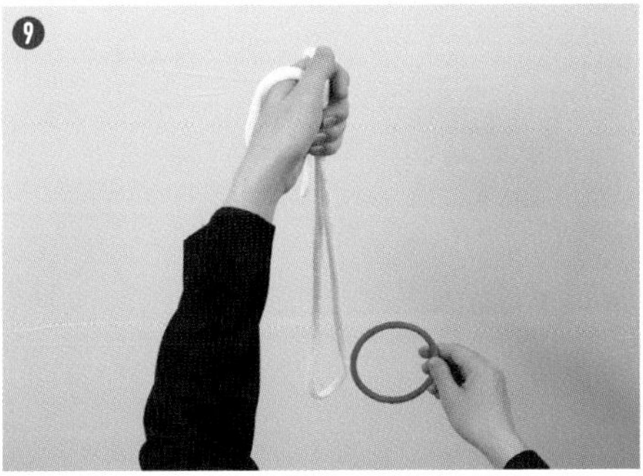

そのままリングをロープから離します。観客からは、ロープの中央からリングが抜けたように見えます。

❿

両手にリングとロープを持ち、ポーズを決めます。

❗マジックのコツ BGMで雰囲気アップ！

マジックでは必要に応じてさまざまな話《トーク》をします。ちなみに、言葉を発さずに演じるマジックを「サイレント・アクト」と呼びますが、時には言葉がない方が、より想像力をかき立て、大きな驚きを生む場合があります。このマジックも、無言で行って全く問題ありません。できればBGMをかけるなどして、雰囲気たっぷりに演じましょう。また、演技中は手元ばかりを見続けるのではなく、要所要所で観客の方にも目を向けるようにするといいでしょう。

ビリーとバッジの Magic column

マジックの歴史②

紀元前1700年頃の「ウエストカー・パピルス」には、3人のマジシャンの記録が残されています。ギザのピラミッドで有名なクフ王の宮廷で、「おもちゃのワニを本物に変え、泉に宝石を入れてまっぷたつにし、ガチョウの首を斬り落として元に戻した」というマジックが演じられたことが記されています。また、このような特権階級の娯楽としての他、国を支配するためにもマジックは利用されていました。祭壇に火が焚かれるとひとりでに扉が開く「ヘロンの神殿」などは、蒸気圧の原理を知らなければまさに魔法そのもので、民衆に畏《い》怖《ふ》の念を抱かせるのに充分な演出効果を担っていたようです。

Magic No. 027

結ばれたシルクがロープをすり抜ける！

シルク・スルー・ロープ

少し練習 パーティー シルク ロープ テクニック

Effect ～こんなマジック～

❶
ロープを張って……

ロープを身体の前でピンと張ります。

❷
シルクを結びます

ロープにシルクを結びます。

❸
シルクを動かしていくと……

シルクをロープに沿って動かしていきます。

シルクの基本技法《テクニック》をマスター！

ロープにしっかりと結ばれたはずのシルクが、いつの間にかロープから外れてしまいます。シルクの基本技法《テクニック》とも言える「フォールスノット」を使ったマジックです。シルクとロープ自体には何の仕掛けもないので、他のシルクやロープを使ったマジックに繋げて演じられます。

シルクがロープから外れてしまいました！
❹
Applause!

シルクがロープから外れてしまいます。

Secret ～タネあかし～

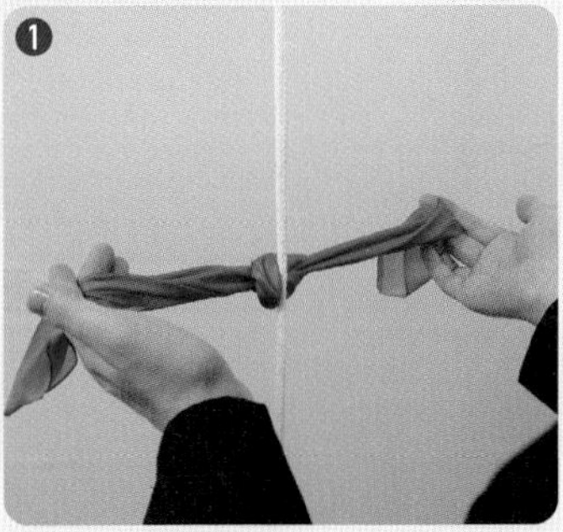

❶ シルクは「フォールスノット」で結ばれており、実際にはロープから外れています。

フォールスノットをマスターする！

「フォールスノット（偽の結び方）」は、あくまで秘密の技法《テクニック》であって、観客からはただ単に結んだように見えなくてはいけません。本当に結んだように見えるよう、鏡の前で何度も練習しましょう。

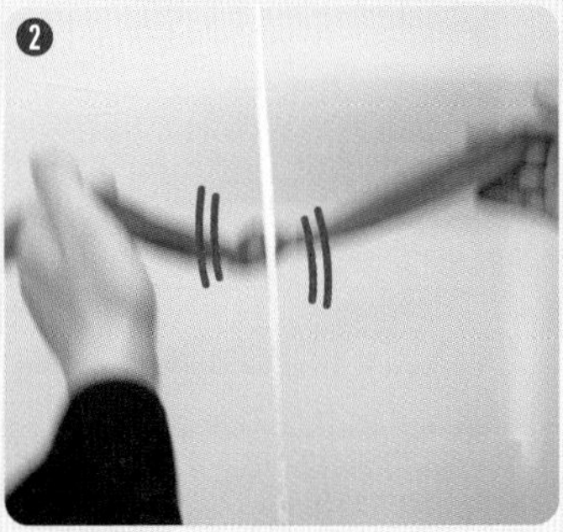

❷ 結び目をロープに沿って動かすことで、観客からはシルクがロープに結ばれているように見えます。

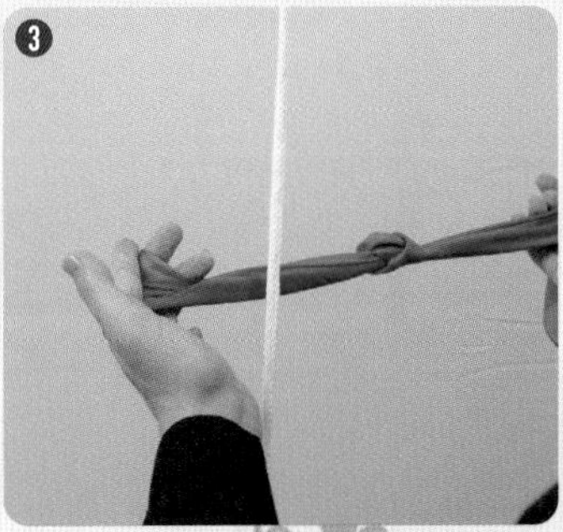

❸ 結び目をゆっくりとロープから離して、シルクがロープから外れたように見せます。

Item シルク（45cm角のもの）、ロープ（約160~180cm ※身長に応じて調整します。）

Try ～実践～

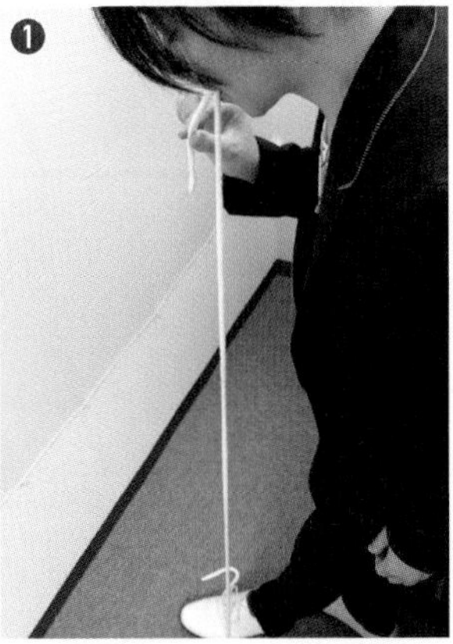

❶ ロープの端を踏んで押さえ、反対側の端を口にくわえます。ピンと張った状態になるようにします。

❷ シルクを対角線で巻き、ロープの手前で持ちます。シルクは人差し指と中指で写真のように挟んで持ちます。

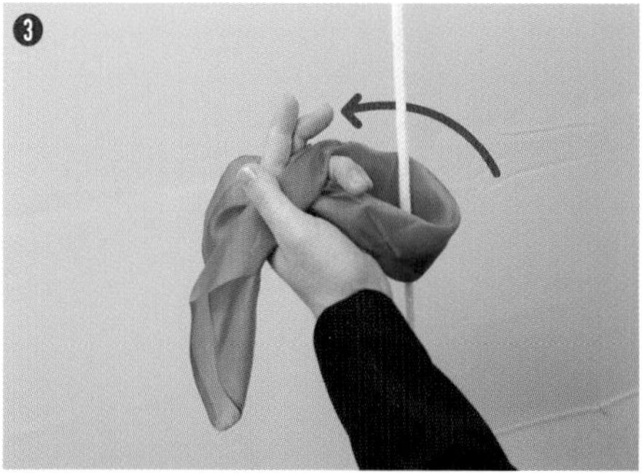

右手のシルクを、ロープに巻き付けるようにして左手に渡します。渡されたシルクの端は、親指と人差し指、中指と薬指で挟んで持ちます。

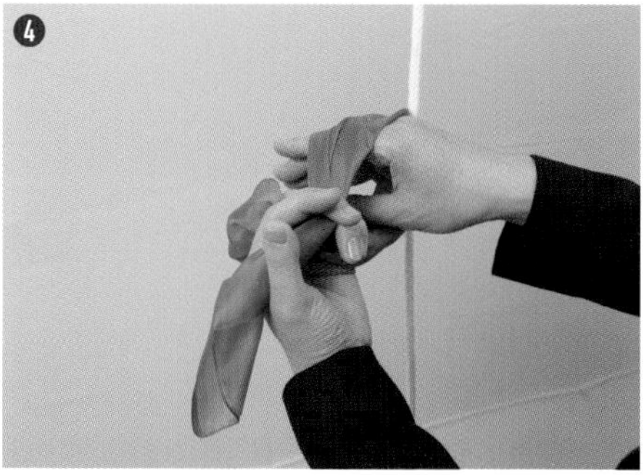

ロープの**左側から**、シルクの輪に右手を通します。

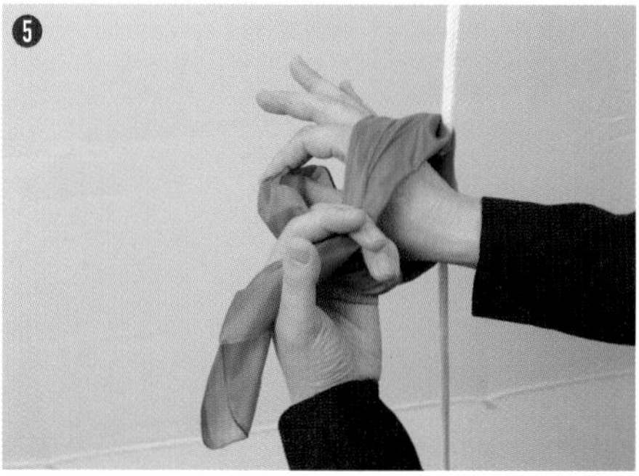

元々左手で持っていたシルクの端をつまみます。

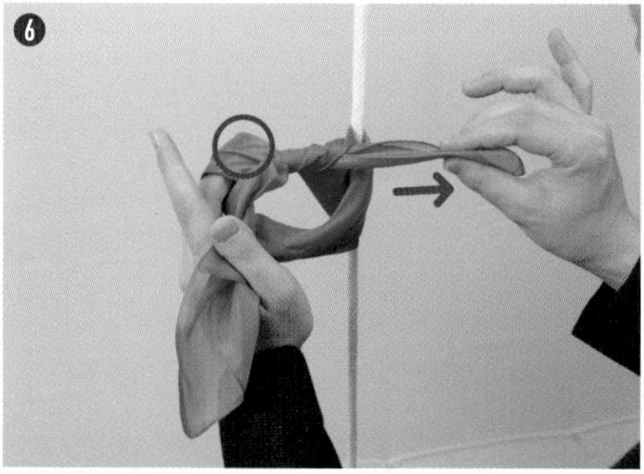

つまんだ端を輪を通して手前に持ってきます。この時、左手の中指と薬指で挟んで持っている部分を、輪の向こう側へと押し出します。

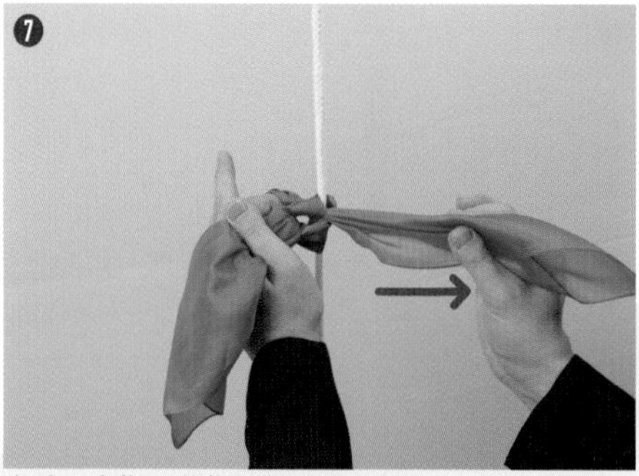

左手の中指と薬指はシルクを挟んだまま、右手の端を引っ張って締め、**結び目**《フォールスノット》を作ります。今シルクは**両端をひっぱると解**《ほど》**ける状態**です。

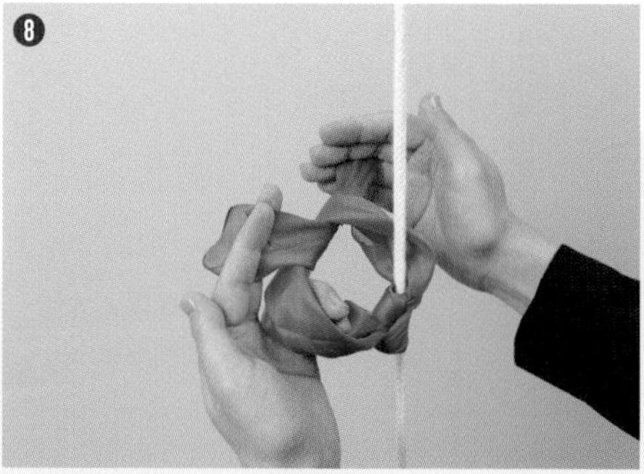

一旦両手を離し、やや間を置きます。❷のようにシルクの端を持ち直し、右手のシルクを左手のシルクに巻き付けるようにして結びます。

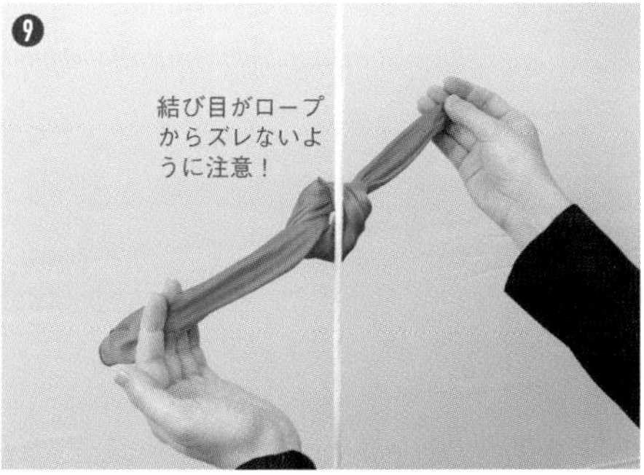
❾
結び目がロープ
からズレないよ
うに注意！

右側に出ている端をひっぱるようにして締めていくと、フォールスノットが解けて、ロープの向こう側に一重の結び目ができます。

❿

結び目をロープに沿って上下に動かします。観客からはシルクがロープに結ばれているように見えます。

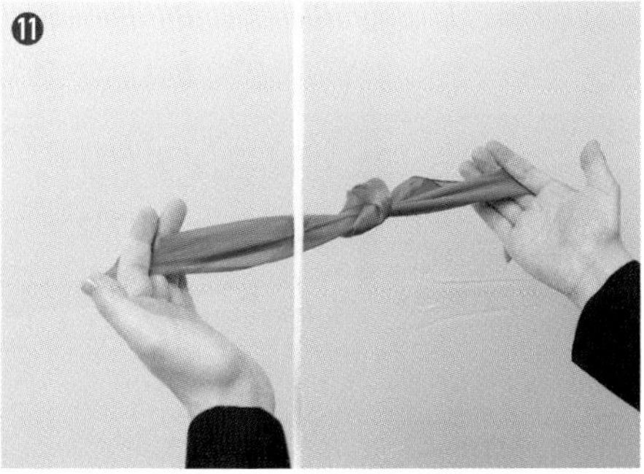
⓫

結び目をゆっくりとロープから離して、シルクがロープを通り抜けたようにみせます。

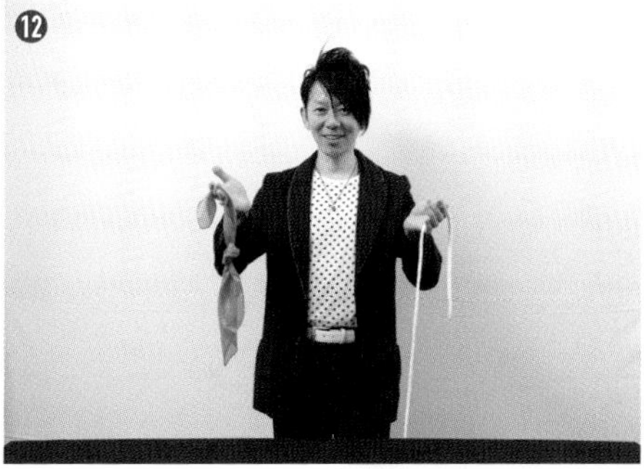
⓬

ロープを口から離し、ポーズをきめます。

❗マジックのコツ　動作にメリハリをつける！

フォールスノットの後、一旦シルクから両手を離したら、すぐに二回目の結びにかかるのではなく、少し間を取るようにします。こうすると、シルクがロープにしっかりと結ばれているということをアピールできます。また、二回目の結びの後も、すぐにシルクをロープから離してはいけません。結び目をロープ上で動かし、ここでもしっかり結ばれていることをアピールします。そしてシルクをロープから離す時は、なるべくゆっくりと離すようにします。最後にポーズをとるのは、**観客が現象を理解してから**にしましょう。

Magic No. 028

一発芸にもピッタリ

紙袋からワインが出現

簡単　パーティー　その他　工作

Effect ～こんなマジック～

❶ 折りたたまれた紙袋を取り出します。

❷ 広げて中に手を入れると……

❸ 本物のワインボトルが出現します。

予想を裏切るありえない展開！

折りたたまれた紙袋を広げると……なんと中からワインボトルが出現！　もちろん本物です！　やり方さえ覚えておけば、その場にあるショッピングバッグなどを使って、すぐに演じることも可能。楽しいパーティーの始まりに、こんなサプライズで場を盛り上げちゃいましょう。

Secret ～タネあかし～

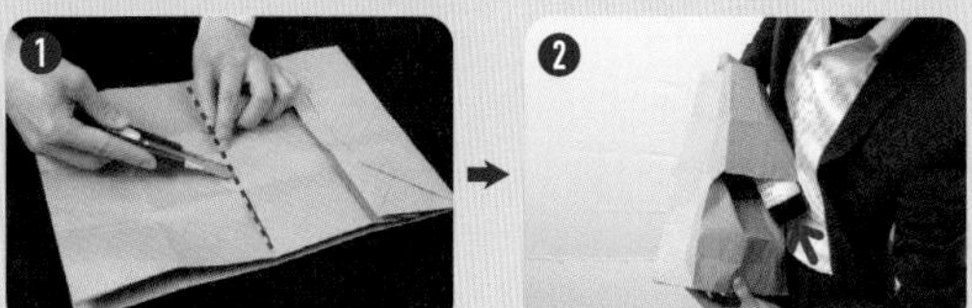

❶ 紙袋の片側にカッターで切れ目を入れておきます。

❷ 上着の内側に隠していたボトルを、この切れ目から通して紙袋の中に入れてしまいます。

上着《ジャケット》は必須アイテム！

ワインボトルをズボンの左足側に挿し入れ、ベルトでしっかりと押さえておきます。ボトルは観客に見えないように上着で隠します。紙袋は切れ目を内側にして数回折りたたんでゴムバンドでとめておきます。

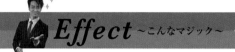

♣Item♠ 紙袋（大きめで透けないもの、マチ付きもの）、ワインボトル、ゴムバンド、カッター

Try ～実践～

❶

折りたたまれた紙袋です

➡

折りたたまれた仕掛けの紙袋を取り出します。

❷

広げると……

切れ目が見えないように注意して紙袋を広げます。広げた紙袋はなるべく身体に近付けて持ちます。

❸

中には……

➡

紙袋の中で、切れ目に手を入れてボトルをつかみます。

❹

ワインが入っています！

ボトルを抜き取り、紙袋の中から出てきたように見せます。

❗マジックのコツ 観客に参加させれば不思議さアップ！

折りたたんだ紙袋を観客に渡して触ってもらい、「中に何が入っているか分かりますか？」と聞いてからボトルを取り出すと一層効果的です。また、紙袋にソムリエナイフを入れておくのもいいでしょう。観客は触った感触で中に何かしらの小物が入っていることだけは認識します。紙袋を広げて「正解はこれでした！」と言ってソムリエナイフを取り出し、「そうそう、ソムリエナイフが必要なものといえば……」と言ってボトルを取り出してみせます。ワインを開栓してそのままパーティースタート！

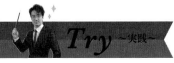

Magic No. 029

失敗したかと思わせて……

復活する新聞紙

簡単　パーティー　その他　工作

Effect ～こんなマジック～

想定外の展開に思わず拍手！

「マジシャンが失敗する姿を見てみたい！」と思った事、一度はありますよね（笑）。そんな期待に応えてか、マジシャンはショーの途中で大失敗……でもご安心ください。最後はちゃんと無事成功に終わります。一度失敗したと思わせて実は成功するという「サッカートリック」と呼ばれるマジックです。想定外の展開が面白い、観客ウケのいいマジックです。

❶

新聞紙をビリビリに破ってしまいます

新聞紙（以下、紙）を見せ、どんどん破っていきます。

❷

破った紙を丸めておまじないをかけると……

破った紙を重ねて丸め、おまじないをかけます。

❸

ハイ、元に戻りました！……あっ、しまった！

紙を広げて戻ったように見せますが、うっかり、すり替えた紙玉を落としてしまいます。

❹

こちらが気になりますか？それでは、こちらも……！

落とした紙玉におまじないをかけて広げると、元通り1枚の紙になっています。

Secret ～タネあかし～

破れている紙玉におまじないをかける動作の中で、密かにひっくり返して、裏の仕掛けが観客側になるようにします。

演技力がポイント！

仕込んでおいた紙玉をわざと落とすのは、観客に「ははぁ、破れていない紙玉とすりかえたんだな」と思わせるための演技です。落とした時に「しまった、失敗した！」という表情をすることが重要です。

仕掛けの紙玉を広げながら、仕込んでおいた紙玉を**わざと**落とします。

復活した（ように見えている）紙をしまってから、落とした紙玉を拾っておまじないをかけます。広げて元に戻ったように見せます。

Item 新聞紙（同じページ）×3枚、のり（または両面テープ）

Set up ～準備～

用意した3枚の紙の内、1枚で紙玉を作ります。

残りの2枚は、それぞれの中央部分を背中合わせに貼り合わせます。

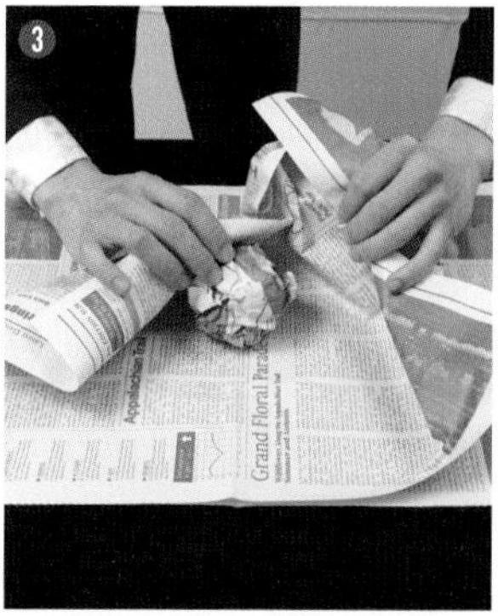

貼り合わせた紙の片方で紙玉を包みます。

Try ～実践～

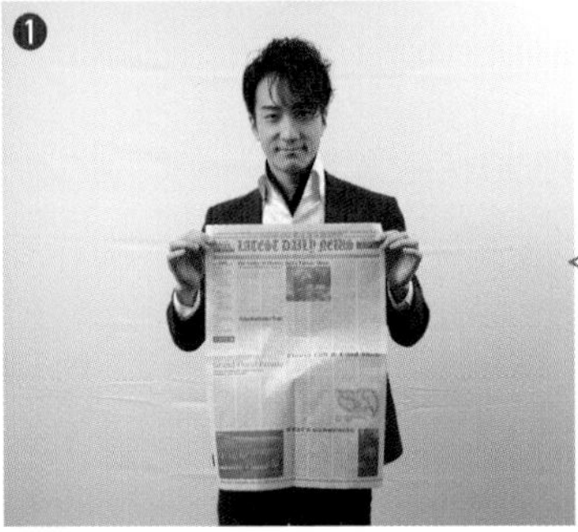

1枚の紙があります

裏側の仕掛けが観客に見えないように、紙を見せます。

ビリビリに破って
しまいます

裏側の仕掛けにかからないように紙を破っていきます。破った紙は観客側に重ねていきます。

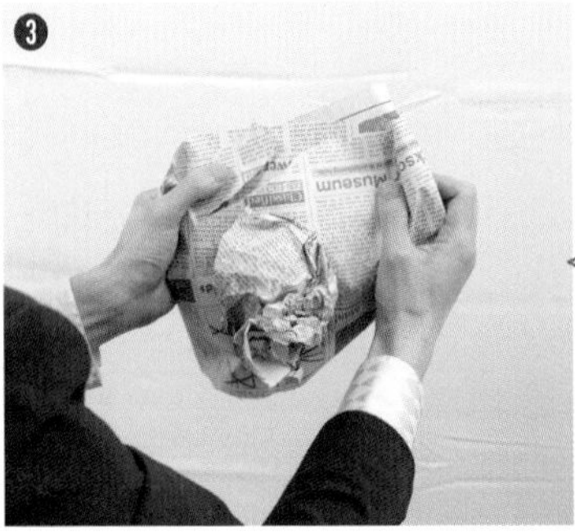

破った紙を丸めて
紙玉を作ります

重ねた紙を、仕掛けの紙玉にからないようにして丸めます。今、破れている紙玉は観客側にあります。

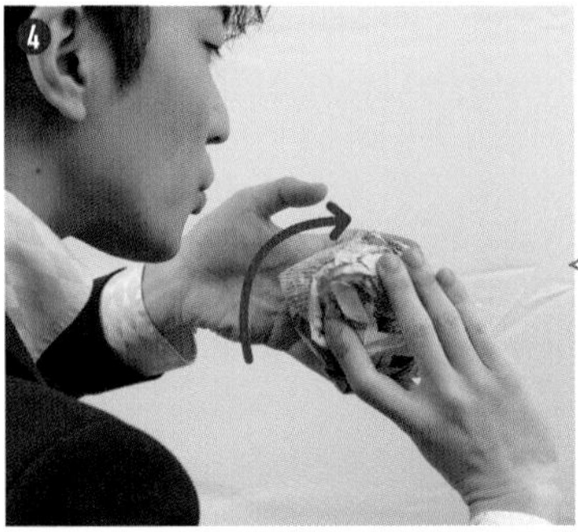

この紙玉におまじないを
かけると……

息を吹きかけるなど、おまじないをかける動作の中で、密かにひっくり返して、裏の仕掛けが観客側になるようにします。

ハイ、元に戻りました！
……あっ、しまった！

仕掛けの紙玉を広げながら、仕込んでおいた紙玉を**わざと**落とします。この時、失敗したような表情をします。

こちらが気になりますか？

落とした紙玉に視線を向けながら、復活した（ようにみえている）紙をさり気なく片付けてしまいます。

❼

それでは、こちらも……

紙玉を拾っておまじないをかけます。

➡

❽

ハイ、この通り！

紙玉を広げて、こちらも元に戻ったことを示します。

!マジックのコツ 感情を巧みに揺さぶる演出。

何が起こるか分からない、その意外性を楽しむのがマジックです。「サッカートリック」はさらなる意外性を狙ったもので、観客に「見てはいけないものを見てしまった！」というドキドキ感と、「一体どうやって挽回するのだろう？」というハラハラ感を味わわせることができます。そして、ピンチを一瞬でチャンスに変えるマジシャンの姿に、観客は大きな拍手を贈ることでしょう。クライマックスを盛り上げるために、「失敗した！」という演技にはしっかりとリアリティを持たせましょう。

ビリーとバッジの Magic column

マジックの歴史③

世界で一番古いマジックの解説書は、1584年にイギリスのレジナルド・スコットによって刊行された「ディスカバリー・オブ・ウィッチクラフト（妖術の開示）」といわれています。これは、ヨーロッパの中世・暗黒時代に、魔女狩りにあった無実の人達を救う目的で刊行されたもので、魔女の力とされる不思議な現象は全て合理的な方法で説明がつく、ということが主に書かれています。魔女狩りに使われた道具の仕掛けの他にも、カードやコインなどのマジックの解説がされています。

Magic No. 030

不可能からの脱出
ミラクル・エスケープ

簡単　パーティー　ロープ　工作　アシスタント

Effect ～こんなマジック～

2本のロープが
あります。

2本のロープを持ってよく見せます。

ロープを身体の後ろに回して、
1本を身体の前で結びます。

観客の背中にロープを持っていき、どちらでも好きな端を選んで結んでもらいます。

両側からロープを
ひっぱると……

両側からロープをひっぱります。

エスケープマジックの決定版！

完全に縛られた状態でロープを思いっきりひっぱると……⁉ 縛られている本人はもちろん、その場にいる観客全員が思わず悲鳴を上げてしまう、スリル満点のマジックです。でもご安心ください。ロープは無事に身体をすり抜けて外れてしまいます。

見事、奇跡の
大脱出！
Applause!

ロープは身体をすり抜けて前に出て外れてしまいます。

Secret ~タネあかし~

あらかじめ2本のロープの中央付近を、しつけ糸で結んでおきます。

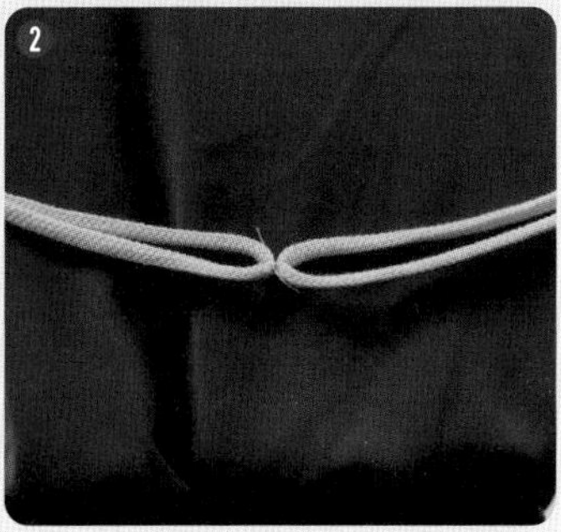

観客の身体の後ろで端を入れ替え、同じロープの端が2本ずつ両側に出るようにします。

しつけ糸の存在を悟られないように！

最初にロープを見せる時は、2本を束ねて持ち、しつけ糸で結んである部分を握って隠すようにします。片方のロープだけを持つと、もう片方のロープがぶら下がって不自然な状態になってしまうので注意しましょう。

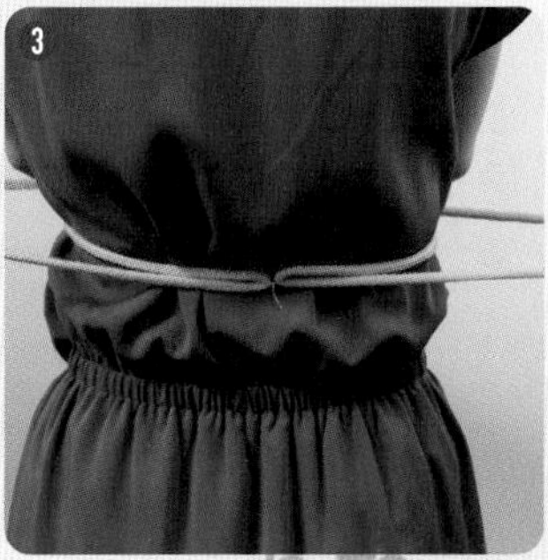

両端のロープを1本ずつ身体の前で結びますが、実際にはそれぞれのロープの端を交差しただけです。

Item アシスタント、ロープ（約230㎝）×2本、しつけ糸

Try ~実践~

※マジシャンがバッジ、アシスタントがビリーです。

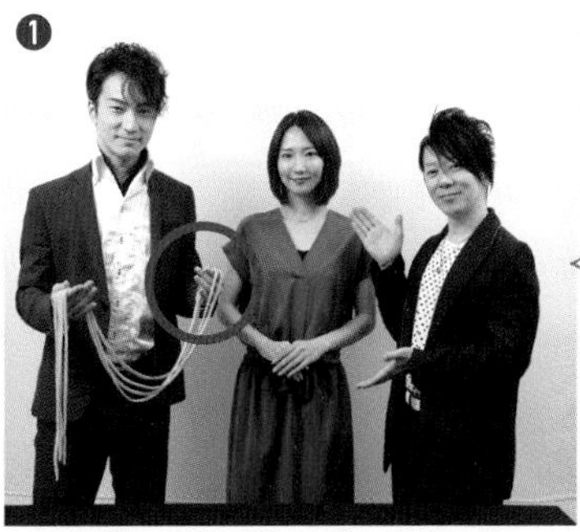

2本のロープがあります

2本のロープを束ねて持って見せます。しつけ糸で結んであることに気付かれないよう注意しましょう。

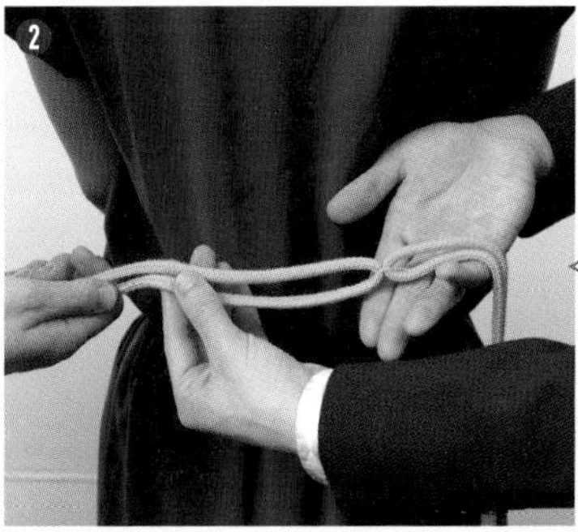

ロープを身体の後ろに回して1本を身体の前で結びます

観客の背中にロープを持っていきアシスタントに片方の端を渡します。この時、端を入れ替えて同じロープの端を2本渡すようにします。

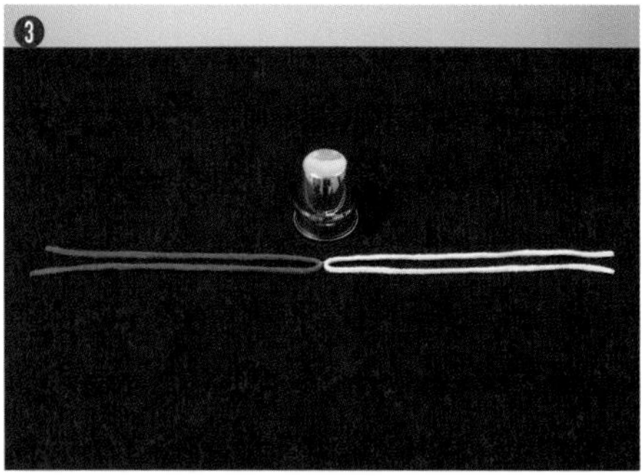

今ロープは写真のような状態になっています。
※説明のため、カップと色違いのロープを使っています。

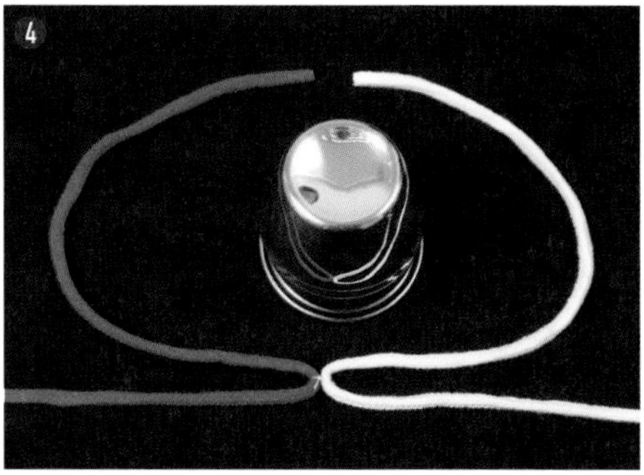

両側から出ているロープの端を、それぞれどちらかを選んで前で結んでもらいます。（**端はどちらを選ばれてもかまいません**。）

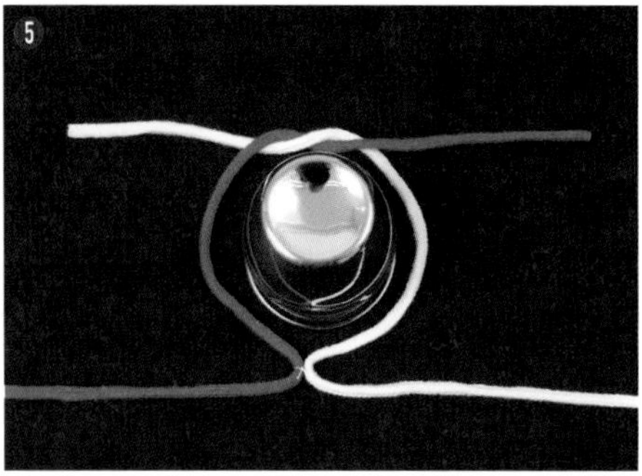

するとロープは写真のような状態になります。

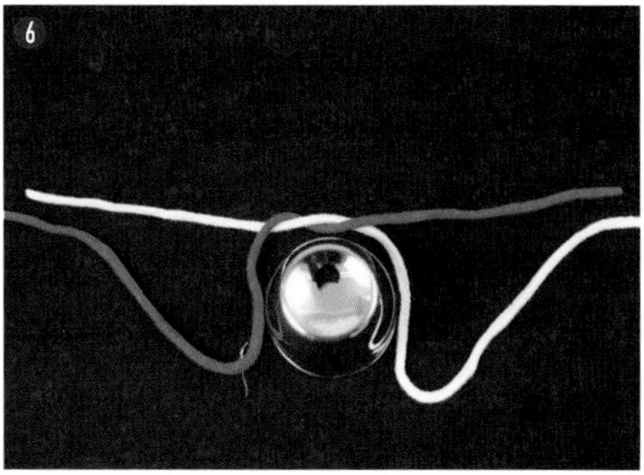

ロープを左右にひっぱると、しつけ糸がちぎれて2本のロープが分離します。

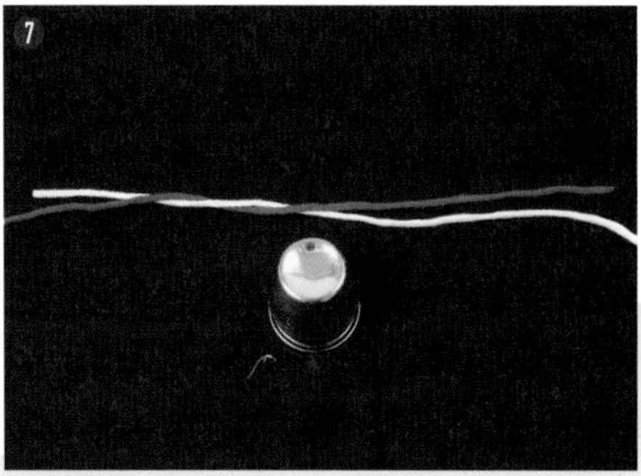

さらにひっぱると、ロープは写真のような状態になります。

見事、奇跡の大脱出！

ロープが身体をすり抜けて前に出て外れたように見えます。

!マジックのコツ　自分が縛られてもOK！

解説では、マジシャンとそのアシスタントで観客を縛るという演技でしたが、アシスタントがいない場合は、マジシャン自身が縛られる側になります。まず、マジシャンの両側（背中が見えない位置）に二人の観客に立ってもらいます。2本のロープを身体の後ろに回したら、手探りで端を入れ替えて両側の観客に渡します。「どちらか1本を渡してください」と言って端を受け取り、自分で縛ってから再び端を渡します。「それでは、ロープの端を思いっきりひっぱってください！」と言って観客にひっぱってもらい、身体をすり抜けたように見せます。

ビリーとバッジの Magic column

マジックの歴史④

マジックが日本に入ってきたのは奈良時代。仏教と共に中国から伝来し、当時は「散楽《さんがく》」といって大衆芸能の一種でした。平安時代以降、放下《ほうか》、外術《げじゅつ》と名前を変えながら、一分野として確立されていきます。室町時代になると「キリシタン・バテレンの妖術」であるとして一時禁止されてしまいますが、江戸時代には手妻《てづま》、和妻《わづま》と呼ばれ、再び隆盛に向かいます。この頃には日本最古のマジックの解説書「神仙戯術《しんせんげじゅつ》」も刊行されました。

マジックが
上手くなるには
どうしたら
いいのでしょう……
う～ん……
それはビリーも
常に考えている
ことです……（笑）

Magic No. 031

隠された暗号とは……!?

驚異のテレパシー

超簡単 パーティー その他 メンタル トーク アシスタント

Effect ～こんなマジック～

❶
テーブルにたくさんの品物が並んでいます

テーブルに並べられた数種類の品物を示します。

❷
後ろを向いている間に、どれか一つ選んでください

後ろを向いている間に、観客に一つ選んで指差してもらいます。

❸
アシスタントに指差していってもらいましょう

アシスタントが数種類の品物を次々と指差していきます。

❹
あなたが選んだものはコレですね！
Applause!

マジシャンは観客が選んだ品物をズバリと言い当てます。

秘密の暗号で ズバリ言い当てる！

このマジックのタネは、あらかじめ決めておいた秘密の暗号です。ちなみにこのマジックの原題は「ブラックマジック」……一体どんな暗号か分かりますか？　ほんの少しの打合せとその場にあるものを使って、パーティーなど大勢の前で演じられるマジックです。

Secret ～タネあかし～

事前にアシスタントと二人だけの秘密の暗号を決めておきます。今回の暗号は「選ばれた品物の一つ前に青い品物を指差す」。

繰り返すことで暗号は分かりづらくなる！

観客は「もしかして○個目に指差すと決めているのかな……？」と思っているので、何度か繰り返すことでその予想を裏切ることができます。アシスタントが品物を指差す時は、声を出さずに全部の品物を同じペースで指差していくようにしましょう。

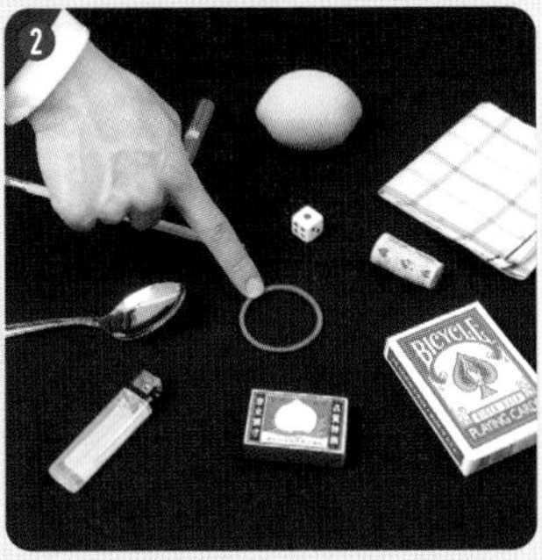

アシスタントは数種類の品物を適当に指差しているように見せて、**青い品物の次に選ばれた品物を指差す**ようにします。

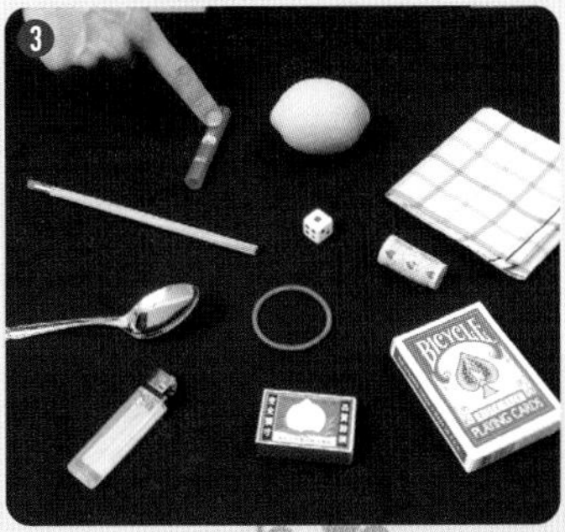

青い品物のどちらかを選ばれた時のために、**青い品物は必ず二つ混ぜておきます**。

♣ Item ♠ アシスタント、数種類の品物（青色のものを二つ混ぜておく）

Try ～実践～

※マジシャンがビリー、アシスタントがバッジです。

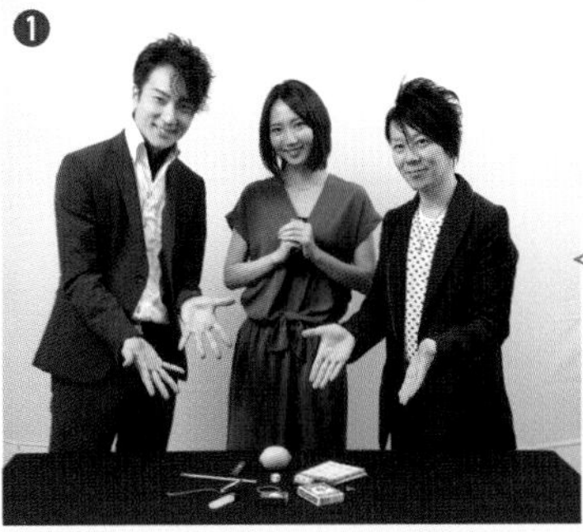

テーブルにたくさんの品物が並んでいます

テーブルに並べられた数種類の品物を示します。

後ろを向いている間に、どれか一つ選んでください

後ろを向いている間に、観客に一つ選んで指差してもらいます。

❸

選びましたか？

観客が何を選んだか確認してから、向き直ります。

❹

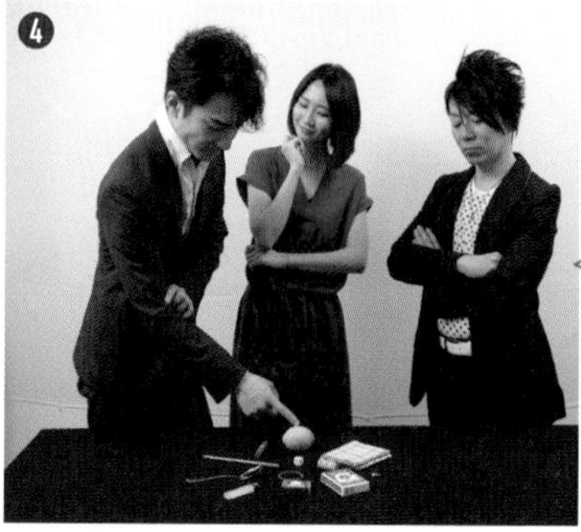

それではアシスタントに指差していってもらいましょう

アシスタントが品物を次々と指差していきます。

❺-1

アシスタントは、**青い品物の次に選ばれた品物を指差す**ようにします。

❺-2

青い品物のどちらかを選ばれていた時は、**二番目に指差した青い品物が選ばれた品物**になります。

❻

あなたが選んだものはコレですね！

アシスタントが全ての品物を指差し終わったら、すぐに観客が選んだ品物を取り上げます。

❼

もう一度やってみましょうか？

❷〜❻を何度か繰り返します。

マジックのコツ　全員参加で盛り上がる！

パーティーなど大勢の前で演じると、何度か繰り返している内に「あ、分かった！」と言う人も出てきます。そんな時はこっそりと答え合わせをして、合っていたらその人に実際にやってもらいます。何人かが気付いたら、残りの全員にも暗号を教えてあげるようにしましょう。「次はあなたがお友達にやってみせてくださいね」と言って、やり方を教えてあげると喜ばれますよ。

ビリーとバッジの Magic column

マジックの歴史⑤

19世紀中頃、フランスのロベール・ウーダンは、それまでのマジックのイメージを一新し、「近代奇術の父」と呼ばれました。当時の他のマジシャンが身にまとっていた魔術師のような衣装をやめてスマートな夜会服を着用し、髑髏《どくろ》の置き物や薄暗いロウソクを取り払って、明るい上品な舞台を作り上げました。その後、フランス政府からの要請で、植民地の反乱をマジックで鎮静させたりもしました。また、「マジシャンはジャグラー（曲芸師）ではない。魔法使いの役を演じる俳優である」という有名な言葉も遺しています。

マジックは
知識《アタマ》と技術《カラダ》両方で
覚えることが
大切！
そう！
そして実際にたくさんの
人に見てもらうのが
上達の近道！
皆さんも頑張って！

マジックショップに行ってみよう

皆さんは、日本が世界に誇るマジックメーカー「㈱テンヨー」をご存知ですか？毎年数点発表される新作は、全く新しい原理や演出が用いられた、マジックの専門家をも唸らせるものばかり。一部の百貨店には、そんなテンヨーマジックの実演を行うディーラーが常駐するコーナーがあり、実はビリーもその一人なのです。さてマジックショップとは一体どんな所なのか……少しだけ覗いてみましょう！

たくさんのマジックグッズが所狭しと並んでいます。どれも不思議で面白そう！

1《ワン》.2《ツー》.3《スリー》……
ハイ、この通り！
えー、何で！？不思議！

「チャイナリング」を実演中のビリー。鮮やかな手捌《てさば》きに思わず見入ってしまいます。

初心者《ビギナー》から愛好家《マニア》の方まで……マジックのことならビリーにご相談ください！　ご来店をお待ちしています！

⚜ ショップで取り扱っている、オリジナリティー溢れるテンヨーのマジックをいくつかご紹介しましょう。

ダイナミックコイン　¥2,200（税込）

開発：近藤 博／菅原 茂

5枚の100円玉が、金属の容器の中で出現、消失、移動、変化する“世界最高のコインマジック”と評される名作です。

魔法のプランジャー　¥2,200（税込）

考案：マシュー・ビシュ

小さな吸盤が、相手の言った枚数を吸い付けたり、選ばれたカードを見つけ出したり。マジックの世界大会FISM《フィズム》受賞者考案の傑作です。

必勝アミダくじ　¥1,430（税込）

考案：佐藤 総

なぜかマジシャンが絶対に勝ってしまう!? 巧妙な数理的原理《アミダプリンシプル》で日本おもちゃ大賞「イノベイティブ・トイ部門」優秀賞を受賞した秀作です。

スマートギロチン　¥1,320（税込）

考案：熊澤隆行

古典マジックの定番「ギロチン」が、全く新しい仕掛けで生まれ変わりました。その斬新かつユニークな原理は必見です。2018年度最新作！

※商品の情報は2021年5月現在のものです。諸事情により変更になる場合もありますので、予めご了承ください。
※第2章で使っている「バイスクル」や、第3章でご紹介した「カップ&ボール」なども取り扱っています。詳しくは売場まで直接お問い合わせください。

【お問い合わせ】
東京都渋谷区千駄ヶ谷5-24-2新宿髙島屋9階玩具売場内
03-5361-1596（玩具売場直通）

☆

おわりに

【予言】
「あなたはすぐにこのページを見てしまうでしょう」

……当たりましたか？（笑）

そんな冗談はさておき、最後まで本書をお読み頂き、誠にありがとうございました。
今あなたは31+1種類のマジックを一通り覚え、さて誰に見せようかとワクワクしているところだと思います。と同時に、「上手くできるだろうか」「失敗したらどうしようか」といった一抹の不安も抱えていることでしょう。

さてここで、そもそもなぜあなたはマジックをやってみようと思ったのか、ちょっとだけ振り返ってみてください。
誰しもマジックを覚えたての頃は、「ホラ、凄いだろう！」といった感じの、いわゆる上から目線になってしまいがちです。ところが、そんな態度でマジックを見せても、相手はマジシャンに対抗意識を持つだけですし、場合によっては反感を買ってしまうかも知れません。

マジックを見せる時に一番大事なこと、それは「相手に楽しんでもらいたい」という謙虚な気持ちで演じることです。その気持ちさえ忘れなければ、たとえ失敗しても大丈夫。相手はきっとニッコリ笑ってあなたを許してくれるでしょう。

それでは最後に本当の予言を。

「そんな気持ちで演じたマジックは、あなたとあなたの周りにいるたくさんの人を必ず笑顔にすることでしょう」

マジカリスト® Billy（ビリー）

国内最大手マジックメーカー「㈱テンヨー」のコミッション・ディーラーとしての活動を主軸に、各種ショーやメディアへの出演多数。その傍ら、俳優やタレントへの演技指導も数多く手掛ける。また各所でレクチャーの講師も務めるなど、その活動は多岐に渡る。マジックを考案・創作するクリエイターとしても数々のオリジナル作品を別名義で発表。その発想の独創性は国内外の専門家からも高い評価を得ている。
http://magicalist.jp
http://billy-a-go-go.com

BAZZI（バッジ）

老舗マジックバーで支配人を務め、技術を磨き上げた実力派マジシャン。「嵐 アルバム Are You Happy?」にて、演技指導、出演中。ラスベガス公演をはじめ、メディア活動や大手企業パーティー、ブライダルショーを行う傍ら、福祉活動も行うことで、幅広い支持を得ている。2017年には幕張メッセ、他各イベントにてイリュージョンを成功させ、さらに進化し続けている。『マジシャンBAZZIの激ウケ！かんたんマジック　おもしろ手品でサプライズ』（メイツ出版）は好評発売中！
http://magicianbazzi.com

Staff

出演：Billy・BAZZI・佐々木彩花
企画・編集：有限会社イー・プランニング
デザイン・DTP：ダイアートプランニング 今泉明香
撮影：上林徳寛

必ず成功する　激ウケ！マジック 新版
本格トリック完全マスター

2021 年 6 月 15 日　第 1 版・第 1 刷発行

監修者　Billy（びりー） BAZZI（ばっじ）
発行者　株式会社メイツユニバーサルコンテンツ
代表者　三渡　治
〒 102-0093 東京都千代田区平河町一丁目 1-8
印　刷　株式会社厚徳社

◎「メイツ出版」は当社の商標です。

ISBN978-4-7804-2487-4　C2076　Printed in Japan.

ご意見・ご感想はホームページから承っております。
ウェブサイト　https://www.mates-publishing.co.jp/
編集長：折居かおる　副編集長：堀明研斗　企画担当：折居かおる

※本書は 2018 年発行の『必ず成功する激ウケ！マジック本格トリック完全マスター』を「新版」として発売するにあたり、内容を確認し一部必要な修正を行ったものです。